Justiça Multiportas e Conciliação em Segundo Grau

Vantagens, Limites e Impactos no Sistema de Justiça Brasileiro

Andrei de Oliveira Rech

WASHINGTON & LINCOLN UNIVERSITY PRESS

Publisher: Washington & Lincoln University Press
First edition: FEBRUARY 2026 (Revision 1.0)

Author: Andrei De Oliveira Rech.
Title: Justiça Multiportas e Conciliação em Segundo Grau: Vantagens, Limites e Impactos no Sistema de Justiça Brasileiro
Cover design: Washington & Lincoln University Press
Book design: Washington & Lincoln University Press
Review: Washington & Lincoln University Press

E-book format: EPUB
Print format: Print format: Paperback- 6 x 9 inch

ISBN: 978-1-966958-39-0 (Print - Paperback)
ISBN: 978-1-966958-50-5 (e-book – EPUB)

Washington & Lincoln University Press is a division of Washington & Lincoln University, Inc.
Orlando, FL, USA
https://press.walnuniversity.com • https://walnuniversity.com

Editora: Washington & Lincoln University Press
Primeira edição: fevereiro 2026 (Revisão 1.0)

Autor: Andrei De Oliveira Rech.
Título: Justiça Multiportas e Conciliação em Segundo Grau: Vantagens, Limites e Impactos no Sistema de Justiça Brasileiro
Design da capa: Washington & Lincoln University Press
Projeto gráfico: Washington & Lincoln University Press
Revisão: Washington & Lincoln University Press

Formato e-book: EPUB
Formato impresso: Capa mole - 6 x 9 polegadas

ISBN: 978-1-966958-39-0 (Impresso – capa mole)
ISBN: 978-1-966958-50-5 (e-book – EPUB)

Washington & Lincoln University e WALN University são marcas registradas da Washington & Lincoln University, Inc.
Washington & Lincoln University Press é uma divisão da Washington & Lincoln University, Inc.
Orlando, FL, USA
https://press.walnuniversity.com • https://walnuniversity.com

PREFÁCIO

Antes de falar da obra é necessário falar do seu criador. Um livro, uma dissertação ou uma tese, não nascem de insights ou apenas noites mal dormidas. Tudo que publicamos é fruto de um ardo trabalho, cuja qualidade, depende do criador.

Fui indicado a orientador do Andrei, meu conterrâneo de estado e fui agraciado por ser seu orientador. Marcamos nossa primeira reunião, o autor, então recém-empossado na condição de Desembargador do TJPR e já no primeiro encontro "nosso santo bateu". Após, a primeira conversa, alinhamos que a pesquisa teria que ser algo que de fato contribuísse com a sociedade.

O Andrei é muito determinado, competente e como diríamos em tom coloquial "pau para toda obra". Fazíamos reuniões de orientação semanais, pois um desafio havia sido lançado. Defender o mestrado presencialmente em Orlando-EUA e por felicidade e comprometimento - do mestrando - foi possível fazer esse marco para a instituição: a primeira defesa presencial de uma dissertação.

Agradeço muito a Deus, a instituição e ao nosso Diretor Alfredo por ter sido escolhido para tão importante feito, que terminou com nota máxima pela banca - dada a capacidade do autor. Feitas estas considerações o próximo passo é falar um pouco sobre a obra.

A presente obra insere-se em um dos debates mais relevantes do Direito contemporâneo: a transformação do modelo tradicional de jurisdição diante da complexidade crescente dos conflitos sociais e da sobrecarga estrutural do Poder Judiciário. Ao eleger como objeto de análise a conciliação em segundo grau e sua inserção no sistema de justiça multiportas, o autor enfrenta um tema atual, necessário e ainda pouco explorado com profundidade na literatura jurídica brasileira. O objetivo sempre foi trazer um estudo empírico e soluções factíveis.

O trabalho parte de uma premissa essencial: o acesso à justiça não se esgota no direito formal de provocar o Estado-juiz, mas se concretiza, sobretudo, na obtenção de soluções efetivas, adequadas e socialmente legítimas. Essa perspectiva, alinhada às ondas renovatórias descritas por Cappelletti e Garth e às diretrizes contemporâneas do Conselho Nacional de Justiça, revela maturidade teórica e sensibilidade institucional, características que perpassam toda a construção do texto.

Ao longo dos capítulos, o leitor é conduzido por sólida fundamentação conceitual acerca do acesso à justiça, da justiça multiportas e dos métodos adequados de solução de conflitos, culminando na análise empírica da atuação dos Centros Judiciários de Solução de Conflitos e Cidadania em segundo grau no Tribunal de Justiça do Paraná. Tal recorte confere à obra não apenas rigor científico, mas também elevado valor prático, permitindo a compreensão dos limites, das potencialidades e dos impactos concretos da conciliação na instância recursal.

Destaca-se, ainda, a virtude metodológica do trabalho, que conjuga pesquisa bibliográfica consistente, análise normativa e estudo de dados institucionais, oferecendo ao leitor uma visão integrada entre teoria e realidade judiciária. O resultado é uma reflexão crítica que supera abordagens meramente descritivas e propõe caminhos para o aprimoramento das políticas públicas judiciárias voltadas à consensualidade.

Em um cenário marcado por milhões de processos em tramitação, crescente complexidade das demandas e exigência constitucional de duração razoável do processo, investigar mecanismos capazes de promover eficiência sem sacrificar legitimidade e justiça material é tarefa que se impõe à academia e às instituições. Nesse sentido, esta obra contribui de forma significativa para o debate jurídico, oferecendo subsídios teóricos e práticos tanto a pesquisadores quanto a magistrados, servidores, advogados e formuladores de políticas públicas.

Trata-se, portanto, de leitura recomendável a todos que se dedicam ao estudo do processo civil contemporâneo, da administração da justiça e da construção de um modelo jurisdicional mais cooperativo, acessível e efetivamente comprometido com a pacificação social.

Fabio Brasilino

Prof. Dr. Fábio Ricardo Rodrigues Brasilino Professor do Mestrado e Doutorado da Washington & Lincoln University. Professor da Universidade Estadual de Londrina. Advogado. Pós Doutor em Direito pela Universidade de Messina (Itália). Doutor em Direito pela FADISP. Mestre em Direito Negocial pela UEL.

SUMÁRIO

SOBRE O AUTOR

Andrei De Oliveira Rech

Após notável carreira como advogado de carreira e como diretor jurídico da Companhia Estadual de Saneamento do Paraná, Andrei de Oliveira Rech, em 2022, tomou posse como desembargador no Tribunal de Justiça do Paraná-Brasil, pelo quinto constitucional da advocacia. Andrei tem formação em ciências jurídicas no Brasil e mestrado nos Estados Unidos, sendo, atualmente, alumni ambassador da Washington & Lincoln University.

INTRODUÇÃO

A presente obra trata do princípio do acesso à justiça e da efetividade dos métodos adequados de resolução de conflitos no âmbito do Poder Judiciário com enfoque especial na atuação dos Centros Judiciários de Solução de Conflitos e Cidadania (CEJUSCs) em segundo grau de jurisdição do Tribunal de Justiça do Estado do Paraná. Busca-se analisar a relevância da conciliação em segundo grau, avaliar seus resultados práticos e compreender se a utilização desse instrumento contribui de forma concreta para a efetividade da prestação jurisdicional e para a realização do sistema de justiça multiportas no Brasil.

O tema ganha relevância em razão da consolidação do acesso à justiça como direito fundamental e da constatação de que esse direito não se esgota na mera possibilidade de ingresso no Poder Judiciário. A efetividade jurisdicional exige soluções céleres, adequadas e capazes de resolver conflitos com qualidade, reduzindo desgastes emocionais, financeiros e institucionais. Nesse cenário, a conciliação apresenta-se como uma alternativa adequada para muitas demandas, contribuindo para decisões mais colaborativas, satisfatórias e eficientes.

O sistema de justiça multiportas assume papel central nesse debate ao propor múltiplas vias para a solução de controvérsias, permitindo que cada conflito seja direcionado ao método mais compatível com suas características. A conciliação, a mediação e outros meios autocompositivos surgem como caminhos aptos a promover resultados mais ágeis e efetivos, especialmente diante da conhecida crise do Judiciário brasileiro, marcada por elevado número de processos e longos períodos de tramitação.

Nesse contexto, a justiça colaborativa desponta como paradigma contemporâneo, incentivando a participação ativa das partes, orientando os advogados a atuarem não apenas como litigantes, mas como facilitadores de soluções, e promovendo uma cultura de pacificação social. Os CEJUSCs, sobretudo em segundo grau, assumem papel estratégico, pois atuam em momento processual no qual os conflitos já passaram por etapa decisória anterior e, ainda assim, guardam potencial conciliatório.

Assim, investigar as vantagens, limites e possibilidades da conciliação em segundo grau torna-se fundamental para compreender sua utilidade prática, mensurar sua efetividade e propor melhorias institucionais. Além de analisar índices de êxito e custos envolvidos, esta obra busca refletir sobre a capacitação de servidores, a necessidade de identificação adequada de casos conciliáveis e a otimização de recursos humanos e estruturais para fortalecer o modelo colaborativo de justiça.

Este livro fundamenta-se em análise de material bibliográfico e documental, abrangendo doutrina, legislação, jurisprudência e relatórios oficiais, com destaque para o "Justiça em Números", do Conselho Nacional de Justiça, que oferece panorama anual do Judiciário brasileiro. A análise dessas fontes possibilitou compreender o estado atual do acesso à justiça, a evolução dos meios alternativos de resolução de conflitos e, especialmente, o desempenho dos CEJUSCs em segundo grau no Tribunal de Justiça do Paraná.

Associada à abordagem bibliográfica, esta obra também incorpora elementos qualitativos e quantitativos. O componente qualitativo permitiu interpretação crítica das teorias analisadas, contextualizando conceitos como acesso à justiça, justiça multiportas e conciliação. Já o componente quantitativo possibilitou a avaliação de dados estatísticos, contribuindo para medir o grau de efetividade das práticas conciliatórias, identificar percentuais de êxito e compreender de forma objetiva o impacto dessas medidas na segunda instância judicial.

Estruturalmente, esta obra organiza-se de forma a conduzir o leitor da compreensão teórica ao exame prático e crítico da conciliação em segundo grau. Inicialmente, apresenta-se a fundamentação teórica do acesso à justiça e do sistema multiportas, seguida pela análise conceitual dos CEJUSCs e de sua atuação institucional. Em seguida, são examinados dados e resultados alcançados pelo Tribunal de Justiça do Estado do Paraná, com avaliação crítica de sua efetividade. Por fim, a obra apresenta reflexões conclusivas e propõe medidas voltadas à otimização da conciliação em segundo grau, contribuindo para o aperfeiçoamento do modelo judicial brasileiro.

FUNDAMENTAÇÃO TEÓRICA

ACESSO À JUSTIÇA

O acesso à justiça está positivado no artigo 5º, inciso XXXV, da Constituição da República[1], segundo o qual o ordenamento jurídico não excluirá quaisquer lesões ou ameaças a direitos da apreciação do Poder Judiciário. Esse princípio pode ser considerado como requisito mais básico do ordenamento jurídico, o qual deve visar a garantia, e não apenas a proclamação de direitos (Cappelletti & Garth, 1988, p.12). A Constituição Federal deve garantir às pessoas as condições necessárias para que a tutela estatal seja efetivada, especialmente em relação aos conflitos ocorridos na vida em sociedade, de modo a garantir o direito de ação (Amaral, 2000, p.2).

Sob o viés dos direitos humanos e, em especial, sob a ótica constitucional, é possível identificar o acesso à justiça como um requisito essencial no sistema jurídico, pois se trata de um direito humano básico de relevante impacto social. A partir da garantia conferida às pessoas de exercer efetivamente o direito de ação, tem-se que tal proteção enseja diversos reflexos dentro do processo em geral, de modo que o próprio Direito Processual não pode se manter inerte no tocante ao direito fundamental de acesso à justiça. Portanto, é necessário

---

1 Constituição Federal. Artigo 5º. Inciso XXXV - a lei não excluirá da apreciação do Poder Judiciário lesão ou ameaça a direito.

reconhecer que as medidas processuais são de elevada importância social (Cappelletti & Garth, 1988, p.11-13).

Fincadas essas premissas, tem-se que o acesso à justiça passou por uma longa evolução para chegar na compreensão atual de garantidor de condições de busca da tutela jurisdicional, que apareceu como direito fundamental pela primeira vez na Constituição da República de 1946, que previa em seu §4º do artigo 141 que "a lei não poderá excluir da apreciação do Poder Judiciário qualquer lesão de direito individual".

O referido dispositivo não foi bem acolhido à época em razão do frenesi de movimentos políticos que tinham intenção de coibi-lo. Outro exemplo de tentativa de reprimir este direito foi o Ato Institucional 5 de 13 de dezembro de 1968, que previa a exclusão da análise judicial em relação aos atos praticados em conformidade com o ato institucional supracitado e seus complementos.

A partir da promulgação da Constituição da República de 1988, o direito ao acesso à justiça foi consagrado como direito fundamental, que não se limita ao mero acesso ao Poder Judiciário, mas a existência de condições que garantam a produção de efeitos concretos e proteção de direitos de forma justa (Seixas & Souza, 2013, p.69).

Dessa breve síntese, extrai-se que as transformações sociais influenciaram na ideia de acesso à justiça gradativamente. Um grande exemplo disso é o abandono da ideia irreal de "paridade de armas", ou seja, o entendimento de que, tendo os mesmos meios disponíveis, as partes estariam em igualdade de condições perante o Poder Judiciário. Isso porque a diferença entre as partes nunca poderá ser erradicada integralmente, razão pela qual é necessário compreender quais são os obstáculos à efetivação deste direito fundamental e quais são os meios de reduzir as desigualdades em cada caso (Cappelletti & Garth, 1988, p.12-16).

Além disso, o processo judicial e a ausência de celeridade da resolução dos conflitos expõem outros obstáculos ao acesso à justiça. O primeiro exemplo a ser citado são as despesas processuais, que proporcionam os recursos necessários ao julgamento. Apesar de servirem como uma espécie de obstáculo para o aumento do volume de demandas ajuizadas, acabam influenciando no direito de ação e acesso à justiça, uma vez que a adoção do princípio da sucumbência resulta numa ausência de previsibilidade dos custos do processo em grande parte das situações, tornando-se excessivamente oneroso (Cappelletti & Garth, 1988, p.19-20).

Outro problema se refere às causas de menor valor ou complexidade, pois os custos do processo podem ultrapassar o valor econômico da pretensão que se busca tutelar (Cappelletti & Garth, 1988, p.21). Essas situações, entre outras tantas que poderiam ser citadas, resultam na reflexão acerca das soluções para a facilitação no exercício do direito de ação, o que fez surgir uma onda de defesa do benefício da assistência judiciária gratuita e representação de interesses coletivos, além do enfoque no acesso à justiça em si (Cappelletti & Garth, 1988, p.31).

O referido enfoque trouxe reflexões sobre os procedimentos para lidar com litígios, com o incentivo à adoção de procedimentos mais simples ou informais, em especial a conciliação. Tal método traz vantagens para as partes e para o sistema de justiça diante da sobrecarga dos tribunais, da redução das despesas dos procedimentos e de maior celeridade na resolução da controvérsia (Cappelletti & Garth, 1988, p.80-83).

Dado o referido contexto de impossibilidade de conferir às partes a completa "paridade de armas", mostra-se relevante trazer ao debate um dos obstáculos existentes de maior magnitude: o Processo Civil brasileiro.

Historicamente a construção do processo civil no Brasil busca inspiração em modelos jurídicos estrangeiros, especialmente no Direito alemão e italiano. Contudo, o Brasil é um país de dimensões continentais com diversas realidades sociais distintas e, consequentemente, possui um alto grau de desigualdade social, motivo pelo qual a inspiração buscada no direito estrangeiro nem sempre é apropriada para enfrentar os problemas nacionais (Tartuce, 2012, p.133).

A esse respeito, Fernanda Tartuce (2012, p.135) destaca que o processo não mais é pautado sob uma ótica de neutralidade ou indiferença no tocante aos seus fins, devendo ser regulamentado segundo as concepções políticas, filosóficas e culturais da realidade local, atuando de forma comprometida com a efetiva concretização da isonomia entre as partes, adaptando-se às necessidades externas.

A Constituição da República de 1988, em seu artigo 5º, caput e inciso I, dispõe expressamente que "todos são iguais perante a lei, sem distinção de qualquer natureza" e que "homens e mulheres são iguais em direitos e obrigações". Nessa toada, o Código de Processo Civil de 2015 procura reproduzir o aludido direito fundamental à igualdade quando prevê que um dos deveres dos juízes é "assegurar às partes igualdade de tratamento", inclusive este é o primeiro dever do magistrado reconhecido pelo referido diploma processual.

A efetivação da aludida norma, por sua vez, não se revela fácil, razão pela qual o poder dos magistrados é objeto de análise nos estudos modernos com vistas à sua evolução, especialmente porque a atuação do juiz, enquanto agente do Estado, é fundamental na busca da concretização dos ditames isonômicos (Tartuce, 2012, p.136).

Um dos deveres do magistrado é atuar com imparcialidade na condução e julgamento do processo. Sobre o tema, no contexto brasileiro, mostra-se necessário preconizar que o juiz assuma sua condição de agente público focado no objetivo de efetivar as diretrizes processuais da Constituição Federal de uma forma condizente com o contexto social e o momento histórico enfrentado no país (Tartuce, 2012, p.139).

Especialmente no contexto do acesso à justiça, a imparcialidade do magistrado não significa conduzir o processo sem inclinar a balança, quando necessário, para qualquer das partes. Também não é possível exigir dele uma posição de neutralidade indiferente ao resultado final do pleito, visto que o magistrado deve ter zelo a fim de que o processo chegue a um fim justo, ou seja, em favor daquele que tem o melhor direito (Tartuce, 2012, p.140).

No tocante à processualística e igualdade, destaca-se que o olhar sobre as exigências técnicas deve ser proporcional com as garantias constitucionais do acesso à justiça e igualdade. Deve-se permitir que mesmo aquelas partes que se encontrem em uma situação de vulnerabilidade possam ter sua situação devidamente analisada pelo magistrado, inclusive nas hipóteses em que ocorram atos processuais defeituosos (Tartuce, 2012, p.142-143).

Sob esse viés e considerando a necessidade e importância de privilegiar o acesso à justiça às partes vulneráveis, bem como a resolução justa dos conflitos, destaca-se o artigo 188 do Código de Processo Civil, que prevê: "os atos e os termos processuais independem de forma determinada, salvo quando a lei expressamente a exigir, considerando-se válidos os que, realizados de outro modo, lhe preencham a finalidade essencial". Portanto, é notório que a construção do processo civil brasileiro e a atuação do magistrado representam ferramentas de suma importância para efetivar o devido acesso à justiça a todas as pessoas.

Conceito e importância

O acesso à justiça passou por diversos contextos, o que resultou na constante evolução do conceito das últimas décadas em razão de inúmeros fatores. No período colonial, o ordenamento jurídico brasileiro era marcado pela arbitrariedade e ausência de preocupação com a realidade social, além de não admitir recursos das decisões.

Em razão do aumento da população e, consequentemente, dos conflitos, foi necessária a reorganização da justiça portuguesa. Esta passou a ser composta por Juízes em primeira instância, Tribunais de Relação em segunda instância, uma espécie de Tribunal de Apelação em terceira instância (Pinto, 2007, p.3).

No Período Imperial, é possível observar evoluções relevantes para a construção do acesso à justiça como é conhecido atualmente, diante da submissão do Imperador às normas e princípios da Constituição de 1824, separação de poderes políticos (poder legislativo, poder executivo, poder judiciário e poder moderador) e possibilidade de os cidadãos escolherem seus representantes, mas ainda se mostrava inexpressivo à época (Pinto, 2007, p.5). A partir da queda do regime imperial e a crise desencadeada por este período, foi identificada a necessidade de observância da realidade social para a elaboração de leis mais efetivas, tendo sido elaborada a Constituição de 1891. Porém, não houve efetiva contribuição para o acesso à justiça naquele contexto.

Apenas a partir da Constituição de 1934, foram observadas inovações relevantes ao acesso à justiça, como a autorização da criação do benefício da assistência judiciária gratuita. Apesar do retrocesso da Constituição de 1937, que suprimiu o acesso à justiça de forma drástica, sobreveio a Constituição de 1946 que reafirmou o compromisso com o direito de ação, mas não foi efetivo no contexto do Golpe de 1964, com sucessivos atos institucionais e restrições do direito ao acesso à justiça.

Já na Constituição de 1988, o acesso à justiça foi um tema objeto de atenção a ponto de ser elevado ao patamar de princípio constitucional, qual seja o princípio da inafastabilidade da justiça (Pinto, 2007, p.12-13). Cumpre rememorar que a Constituição da República de 1988 prevê que a "a lei não excluirá da apreciação do Poder Judiciário lesão ou ameaça a direito", nos termos do inciso XXXV do artigo 5º.

A interpretação deste conceito não pode permanecer intacta ao longo do tempo, devendo evoluir e se adequar a realidade social. O tema do acesso à justiça envolve inúmeros aspectos para a efetivação deste princípio constitucional, sendo que o primeiro ponto a ser observado é que o sistema deve ser acessível a todos e produzir resultados justos aos indivíduos diretamente envolvidos na controvérsia e para a sociedade.

O acesso à justiça não pode ser compreendido pela simples igualdade formal, ou seja, a possibilidade de as partes ingressarem no Poder Judiciário. Isso porque o efetivo acesso à justiça deve buscar a superação de desigualdades que impedem ou dificultam a busca pela tutela jurisdicional, sendo os principais obstáculos: a pobreza, a necessidade de advogado e a morosidade da prestação jurisdicional (CNJ, 2022, p.19-20). Além disto, a interpretação do conceito de acesso à justiça deve observar a dinâmica organizacional e relacional da sociedade, a fim de acompanhar as necessidades atuais, complexidade das controvérsias, avanços tecnológicos e outros aspectos essenciais para a produção de resultados justos.

É inevitável a existência de conflitos decorrentes da convivência em sociedade, os quais passam a ser cada vez mais complexos e geram aumento na judicialização das controvérsias vivenciadas. Por essa razão, torna-se cada vez mais relevante a análise do sistema de justiça e o aperfeiçoamento da atuação do Poder Judiciário, bem como do acesso aos diversos meios de resolução de conflitos.

A realidade atual do sistema de justiça pode dificultar a efetivação do direito fundamental à apreciação de lesões ou ameaças a direitos do Poder Judiciário em razão do volume de processos ajuizados e a complexidade de cada caso. O "Relatório Justiça em Números 2024", divulgado pelo Conselho Nacional de Justiça, indicou que há quase oitenta e quatro milhões de processos em tramitação e que o índice de judicialização aumenta cada vez mais, tendo aumentado 9,5% em relação ao ano base anterior.

Em outras palavras, o aumento da complexidade das lides e abarrotamento do sistema de justiça demonstra uma realidade em que o acesso ao simples direito de ação está muito distante do efetivo acesso à justiça. Tal fato se dá pelo evidente desequilíbrio entre a formatação estrutural e funcional do serviço público, com a complexidade e quantidade de ações distribuídas, o que dificulta cada vez mais a efetivação de princípios basilares do direito, como a duração razoável do processo, a eficiência e, principalmente, o acesso à justiça (Silveira, 2020, p.74-76).

O acesso ao Poder Judiciário e o exercício do direito de ação não tem, por si só, capacidade de efetivar o direito fundamental ao acesso à justiça no contexto atual. Isso porque a dinâmica das atividades do Poder Judiciário é dotada de burocracia em patamar elevado e consequente morosidade.

Apesar disto, não é possível esquecer o fato de que o ordenamento jurídico tem o objetivo de oferecer medidas razoáveis para proteger e efetivar direitos, razão pela qual há busca incessante de procedimentos que permitam a execução deste objetivo e o respeito aos princípios constitucionalmente protegidos, diante da situação de escassez de recursos e tempo dos tribunais pátrios para lidar com a carga de lides ativas.

A estrutura estatal não tem recursos suficientes para alcançar as melhores soluções possíveis em todos os litígios no contexto atual, mas a jurisdição ainda é a principal forma para garantir o acesso à justiça. Por isso, a adoção de "meios pacíficos" de resolução de conflitos é cada vez mais incentivada, pois permite a construção da solução da lide pelas partes e fomenta a justiça coexistencial (Santos, 2012, p.196-197). Consequentemente, a solução de litígios torna-se mais célere, em comparação ao processo tradicional que busca a sentença proferida pelo magistrado.

O acesso à justiça é um direito fundamental que passou por diversas transformações ao longo do tempo a fim de acompanhar as necessidades surgidas e passar por obstáculos de cada época. Mauro Cappelletti expõe as ondas renovatórias do acesso à justiça e demonstra esta evolução de forma didática.

A primeira onda trouxe a assistência judiciária gratuita, como outrora dito, que possibilitou o acesso à justiça aos cidadãos que não possuíam condições de arcar com despesas processuais e advocatícias. A segunda onda deu ênfase a representatividade em relação aos direitos difusos e coletivos, expondo os instrumentos e visando buscar a proteção desta espécie de direitos. A terceira onda apresenta um novo paradigma para a resolução de conflitos, mediante a adoção de técnicas adequadas para o tratamento dos conflitos e o incentivo aos métodos consensuais, seja para evitar o litígio ou buscar a solução de uma controvérsia.

O estudo sobre as ondas renovatórias do acesso à justiça foi elaborado na década de 1970 e ainda se faz necessário na atualidade, principalmente ao realizar análise do contexto atual do sistema de justiça com milhões de processos ativos e tempo médio de duração que não cumpre o ideal de celeridade.

Feitas estas considerações acerca da importância de se efetivar o acesso à justiça, o próximo passo será analisar como pode ser efetivado.

Tipos de acesso à justiça

O termo "acesso" expõe a ideia de ingresso ou alcance de determinado objetivo, que nesta obra se refere à própria justiça. Em decorrência disto, questiona-se sobre a forma de alcançar a "justiça" e a percepção de que o mero ajuizamento de uma ação não seria o único meio para encontrar este valor.

O acesso à justiça diz respeito a princípio fundamental que rege o ordenamento jurídico como um todo, o qual não se limita às ações movidas no Poder Judiciário, podendo ser alcançado por meio de políticas públicas e meios adequados de solução de conflitos (Ruiz, 2021, parágrafos 38-47). No contexto de litigiosidade crescente e excessiva, a distribuição da justiça não pode ser entendida como papel exclusivo do Poder Judiciário, pois ela não se confunde com a jurisdição.

Não se pretende reduzir a relevância do Poder Judiciário, o qual desempenha papel inestimável em prol da administração da justiça, mas a jurisdição não pode ser tida como sinônimo de justiça, pois deve ser compreendida como um dos meios de buscar a justiça. Porém, tendo em vista a exigência de incontáveis formalidades e complexidade cada vez maior das lides, é inevitável que o acesso ao direito de ação torne-se mais árduo e moroso. O tempo é um elemento de grande relevância para a efetividade da prestação jurisdicional, mas torna-se um dos inimigos no contexto da litigiosidade excessiva.

Por essa razão, os meios consensuais de resolução de conflitos tornam-se muito relevantes para a efetivação do acesso à justiça, pois constituem mais uma via de acesso à justiça e promovem descentralização dos serviços jurisdicionais. Eles afastam certas formalidades inerentes ao processo judicial e aproximam os cidadãos da administração da justiça.

Diante de todo o exposto e considerando a necessidade de garantir o acesso à justiça em si, compreende-se que este objetivo não é alcançado apenas pela via tradicional da jurisdição. O Estado tem o papel de proporcionar o acesso à justiça aos cidadãos e esta função não é cumprida apenas pelo Poder Judiciário, mas também pela via das políticas públicas ou pela via dos meios adequados de solução de conflitos, seja mediante autocomposição ou heterocomposição.

Não se pode esquecer que o controle jurisdicional é indispensável, pois é inevitável a aparição de conflitos de interesses no convívio social, os quais devem ser resolvidos e a presença do Poder Judiciário é essencial para este objetivo, bem como para própria existência do Estado Democrático de Direito. O artigo 5º, inciso XXXV, da Constituição da República dispõe expressamente que a lesão ou ameaça a direito não será excluída da apreciação do Poder Judiciário, garantindo a indispensabilidade do controle jurisdicional de forma constitucional.

Cabe ao Estado buscar a pacificação social e esta função não deve ser exercida exclusivamente por meio do monopólio judiciário. As inúmeras formalidades e morosidade do sistema de justiça implica em obstáculos ao acesso à justiça, por isso devem ser garantidos outros meios para a efetivação deste direito. Além da jurisdição tradicional, com objetivo de escapar da morosidade e formalidades demasiadas, inicia-se uma busca por outros métodos de resolução de conflitos. O primeiro exemplo se refere às políticas públicas, que representam direcionamentos para o Estado agir, regular, promover, interferir e criar determinados contextos a fim de atingir determinado fim politicamente e socialmente relevante. As políticas públicas têm objetivos e prioridades definidas, bem como criam meios necessários para realização de sua finalidade e a modificação da realidade de determinada área da vida em sociedade (Bizetto et al, 2023, p.240-241).

Sendo o acesso à justiça um direito fundamental, emerge a necessidade de criação de políticas públicas fomentadas pelo Estado a fim de efetivar esses direitos e criar maneiras de fiscalizá-lo. O ordenamento jurídico já consolidou entendimento no sentido de que a garantia de ingresso no Poder Judiciário não viabiliza o acesso à justiça por si só, sendo necessária a elaboração de mecanismos com aptidão de viabilizar a tutela aos direitos lesados ou ameaçados de forma célere, adequada e eficaz (Mendonça, 2016, p.161).

A criação de políticas públicas no contexto da hiperjudicialização traz ênfase aos outros meios à jurisdição clássica, que passam a ser conhecidos como métodos adequados de solução de conflitos. Estes métodos são concretizados como uma via de acesso à justiça e visam à resolução de controvérsias de forma célere e justa com participação direta das partes envolvidas.

A Resolução nº 125/2010 do Conselho Nacional de Justiça normatiza a criação de políticas públicas no âmbito no Poder Judiciário, principalmente no tocante ao tratamento adequado de conflitos e adoção de métodos diversos do processo judicial, a fim de estimular os mecanismos de solução de conflitos de forma consensual, como a mediação e a conciliação, por exemplo.

A referida normativa reconhece que o acesso à justiça e a responsabilidade social são objetivos a serem perseguidos pelo Poder Judiciário, razão pela qual deve proporcionar o acesso à ordem jurídica justa e soluções eficazes aos problemas jurídicos trazidos pelos jurisdicionados. É por essa razão que cabe ao Poder Judiciário a construção de políticas públicas para proporcionar o tratamento adequados dos conflitos de interesses que inevitavelmente ocorrem na sociedade, especialmente por meio de métodos consensuais que devem ser incentivados e constantemente aperfeiçoados[2].

---

2 CONSIDERANDO que a eficiência operacional, o acesso ao sistema de Justiça e a responsabilidade social são objetivos estratégicos do Poder Judiciário, nos termos da Resolução/CNJ nº 70, de 18 de março de 2009;

CONSIDERANDO que o direito de acesso à Justiça, previsto no art. 5º, XXXV, da Constituição Federal além da vertente formal perante os órgãos judiciários, implica acesso à ordem jurídica justa e a soluções efetivas;

CONSIDERANDO que, por isso, cabe ao Judiciário estabelecer política pública de tratamento adequado dos problemas jurídicos e dos conflitos de interesses, que ocorrem em larga e crescente escala na sociedade, de forma a organizar, em âmbito nacional, não somente os serviços prestados nos processos judiciais, como também os que possam sê-lo mediante outros mecanismos de solução de conflitos, em especial dos consensuais, como a mediação e a conciliação;

A adoção dos métodos adequados de solução de conflitos é defendida por diversos doutrinadores, visto que dispõem da possibilidade de incorporar critérios de adequação a cada caso concreto e necessidades de cada parte envolvida, proporcionando tutela adequada aos direitos lesados ou ameaçados (Watanabe, 2019, p.82).

Feitas essas considerações sobre a necessidade de o Poder Público adotar políticas que efetivem o mandamento constitucional de acesso à justiça, o passo seguinte será analisar como se dá a relação destas questões com a conciliação em segundo grau.

Relação do acesso à justiça com a conciliação em segundo grau

Demonstrada a primordialidade do acesso à justiça, cumpre destacar sua relação com os meios adequados de solução de conflitos.

A busca pelo Poder Judiciário passou a ser cada vez mais frequente, o que ensejou o aumento desenfreado do volume de processos ativos. Portanto, os meios adequados de resolução de conflitos assumem um papel de grande relevância neste contexto, pois permite a efetivação do direito à razoável duração do processo, conforme garantia constitucional prevista no artigo 5º, inciso LXXVIII, da Constituição da República[3]. Em outras palavras, esses métodos adequados de solução de conflitos caracterizam meio que garantem

---

CONSIDERANDO a necessidade de se consolidar uma política pública permanente de incentivo e aperfeiçoamento dos mecanismos consensuais de solução de litígios.

3 Constituição da República. Art. 5º Todos são iguais perante a lei, sem distinção de qualquer natureza, garantindo-se aos brasileiros e aos estrangeiros residentes no País a inviolabilidade do direito à vida, à liberdade, à igualdade, à segurança e à propriedade, nos termos seguintes: [...] LXXVIII - a todos, no âmbito judicial e administrativo, são assegurados a razoável duração do processo e os meios que garantam a celeridade de sua tramitação.

a celeridade na tramitação do processo, diante da possibilidade de resolução antecipada do litígio.

Desde a década de 1960, observa-se uma busca crescente por métodos que tornem o processo civil cada vez menos onerosos e mais célere, a qual foi dada ênfase por meio do "Movimento Universal do Acesso à Justiça" (Correia & Almeida, 2012, p.39). Porém, no contexto do abarrotamento do Poder Judiciário, os métodos consensuais de resolução de conflitos se transformam no modo de efetivação da garantia de inafastabilidade da apreciação do Poder Judiciário em relação a lesões ou ameaças a quaisquer direitos.

Para o processo ser dotado de efetividade, é necessário conscientização acerca das motivações dos sistemas de justiça e meio de superação das barreiras ali existentes. A essência da Resolução nº 125 do Conselho Nacional de Justiça, marco normativo dos métodos adequados de solução de conflitos, aborda a necessidade de incentivar o acesso à justiça por qualquer meio adequado de solução de conflitos, como é o exemplo da conciliação (Dinamarco et al, 2024, p.58-61).

Em síntese, há relação direta entre os métodos adequados de solução de conflitos e o direito ao acesso à justiça. Isso porque o acesso à justiça não significa apenas a possibilidade de levar uma questão ao Poder Judiciário, mas também a garantia de que as partes poderão resolver suas disputas de maneira mais eficiente, justa e acessível possível. A conciliação facilita esse acesso ao oferecer uma alternativa mais rápida, menos formal e geralmente menos onerosa em comparação aos processos judiciais.

A criação da possibilidade de resolução de conflitos de forma mais ágil, contribui diretamente para a efetivação do direito de acesso à justiça, pois torna o sistema mais inclusivo e acessível para aqueles que, de outra forma, poderiam ser desencorajados pelos obstáculos processuais e financeiros do procedimento comum. Tamanha é a relevância dos métodos adequados de solução de conflitos, que passaram a ser adotados em diversos momentos processuais. O Código de Processo Civil incentiva a solução consensual de conflitos sempre que possível, conforme disposto no artigo 3º, parágrafo 3º, do referido diploma legal.

A adoção de métodos adequados de solução de conflitos pode ocorrer em qualquer momento do processo, inclusive em grau recursal. A conciliação no segundo grau de jurisdição é uma prática que tem ganhado cada vez mais atenção no cotidiano do Poder Judiciário, com o objetivo de evitar o prolongamento do julgamento e tornar a solução menos onerosa às partes, satisfazendo os interesses dos litigantes envolvidos. A conciliação em segunda instância permite que um processo que já possua sentença proferida em primeiro grau e tenha sido objeto de recurso direcionado ao segundo grau, possa ser resolvido aplicando-se meios adequados e remetido ao Centro Judiciário de Solução de Conflitos e Cidadania para nova tentativa de conciliação.

Esta medida pode ser adotada de ofício pelo desembargador relator ou mediante solicitação das qualquer uma das partes, e tem apresentado resultados satisfatórios e criado grandes expectativas para o sistema de justiça, conforme será mais bem explanado em capítulos seguintes.

A adoção de métodos adequados de solução de conflitos no âmbito de segundo grau é interessante, principalmente quando são analisados dados sobre os índices de recorribilidade, complexidade da matéria envolvida e duração dos processos até a certificação do trânsito em julgado. O Poder Judiciário tem adotado cada vez mais esta prática, o que garante celeridade, economia processual e satisfação com a resolução por meio de métodos adequados, bem como promove a pacificação social.

Há diversos exemplos da adoção de métodos adequados de solução de conflitos no contexto do segundo grau de jurisdição, como a instauração de serviço de conciliação e mediação para processos em trâmite no segundo grau pelo Tribunal de Justiça de Rondônia, por meio do ato conjunto nº 021/2020 assinado pela Presidência do tribunal, Núcleo Permanente de Métodos Consensuais de Solução de Conflitos (Nupemec) e Corregedoria-Geral de Justiça (CNJ, 2020, parágrafo 2).

No mesmo sentido, o Tribunal de Justiça de São Paulo possui o Setor de Conciliação em Segundo Grau, que foi criado em 2004 (Provimento nº 843/2004 do Conselho Superior de Magistratura) após um ano de experiência e êxito de projeto de piloto. Tamanha foi a satisfação com a adoção desta prática que o setor passou por restruturação em março de 2011 e foi criado o Centro Judiciário de Solução de Conflitos em Segunda Instância e Cidadania (Provimento nº 1857/2011 - TJSP), permitindo a remessa de qualquer processo que tramite no segundo grau, desde que verse sobre direito disponível, envolva partes capazes e tenha havido citação pessoal na primeira instância.

A experiência também ocorre no Tribunal de Justiça de Minas Gerais, que visa reduzir a sobrecarga do sistema judiciário e estimular o acesso à justiça pela via dos métodos consensuais de solução de conflitos, em atendimento aos objetivos da Agenda 2030 e artigo 139, inciso V, do Código de Processo Civil. Por exemplo, o Desembargador Luís Carlos Gambogi, integrante da 5º Câmara Cível do Tribunal de Justiça de Minas Gerais, adota a prática de encaminhar diversos casos ao Centro Judiciário de Solução de Conflitos e Cidadania em Segundo Grau a fim de alcançar uma solução em prazo adequado para garantir eficácia do resultado (TJMG).

Além dos exemplos supracitados, menciona-se o Centro Judiciário de Solução de Conflitos e Cidadania do Segundo Grau instituído pelo Tribunal de Justiça do Estado do Paraná, que está em funcionamento desde dezembro de 2008 e realiza audiência de conciliação em processos que tramitam no segundo grau, bem como auxilia outras comarcas em que não há este centro instalado ainda. Desde a instalação do Centro Judiciário de Solução de Conflitos e Cidadania do Segundo Grau do Tribunal de Justiça do Estado do Paraná, houve realização de 39 mutirões de conciliação, 5382 audiências e 2913 processos extintos por acordo, demonstrando relevante índice de 54,12% de aproveitamento (TJPR).

Diante de todo o exposto e das experiências citadas como exemplo, conclui-se que a conciliação em segundo grau possui enorme potencial de resolução de conflitos e traz outros benefícios para o sistema de justiça, mediante redução da sobrecarga dos acervos dos tribunais, promoção de resolução célere e oportunização da pacificação social. A adoção dos métodos adequados de solução de conflitos também demonstra atendimento aos objetivos da Agenda 2030 para Desenvolvimento Sustentável acolhida pela Organização das Nações Unidas. Em especial, observa-se que estes métodos estão em consonância com o objetivo 16 da Agenda 2030, que dispõe sobre a promoção de sociedades pacíficas e inclusivas, proporcionando acesso à justiça e construção de instituições eficazes e responsáveis.

Além disso, a Resolução nº 125/2010 do Conselho Nacional de Justiça também é objeto de atenção para a instauração de procedimentos consensuais de solução de controvérsias em segundo grau, visto que reconhece caber ao Poder Judiciário estabelecer políticas públicas para tratamento adequado dos problemas jurídicos e compreende a necessidade de incentivo e aperfeiçoamento constante de mecanismos consensuais.

O interesse em buscar solução consensual de conflitos no país é de longa data, sendo que os métodos adequados de resolução de controvérsias vêm sendo aperfeiçoados desde a era imperial. A Resolução nº 125/2010 do Conselho Nacional de Justiça foi um marco dessa busca e constituiu a Política Judiciária Nacional para tratamento dos conflitos, visando assegurar o direito à solução de controvérsias por meio adequados à natureza e peculiaridade de cada caso concreto que é submetido ao Poder Judiciário[4].

Portanto, há o reconhecimento de que a resolução de conflitos não ocorre apenas por meio dos processos judiciais, mas também pela aplicação de meios consensuais, como a conciliação. Isso porque a conciliação é um dos métodos efetivos para a cultura da pacificação social, mediante solução e prevenção de litígios.

---

4 Resolução nº 125/2010 do Conselho Nacional de Justiça. Art. 1º Fica instituída a Política Judiciária Nacional de Tratamento Adequado dos Conflitos de Interesses, tendente a assegurar a todos o direito à solução dos conflitos por meios adequados à sua natureza e peculiaridade. (Redação dada pela Resolução nº 326, de 26.6.2020).

Logo, foi reconhecida a necessidade de estruturação de práticas uniformes dos métodos de resolução de conflitos e especialização de setores voltados para a consensualidade no âmbito do Poder Judiciário (Menegon, 2023, p.82-83). Diante disso, a implementação de métodos adequados de solução de conflitos em segundo grau contribui com a pacificação social e tem potencial de construir resultados muito eficazes para o sistema de justiça e as partes envolvidas em conflitos.

Demonstrados alguns dados e argumentos a favor do acesso à justiça, por meio dos métodos adequados de solução de conflitos o próximo passo será analisar o sistema de justiça multiportas.

JUSTIÇA MULTIPORTAS

A vida em sociedade gera conflitos de diferentes naturezas, inevitavelmente. Porém, este fato não significa que todos os conflitos devam ser direcionados ao Poder Judiciário, para resolução com base na visão tradicional de processo e exercício do direito de ação. O Poder Judiciário não é a única alternativa para a resolução de conflitos, principalmente ao considerar o contexto de sobrecarga do sistema tradicional e a excessividade de burocracias estatais. O ordenamento jurídico é dotado de formalismos extenuantes, o que pode contribuir para uma mera eficácia simbólica da decisão judicial (Nascimento, 2021, p.34-35).

Diante disso, a "competência jurídica" passa a ser vista como poder essencial para a resolução de controvérsias, o controle dos meios de resolução e o acesso aos métodos disponibilizados, afastando os sujeitos envolvidos na lide da administração de seus próprios conflitos (Nascimento, 2021, p.36). Nesse contexto, a reforma dos sistemas de justiça passou a ser pleiteada por diferentes grupos da sociedade, diante da necessidade de ampliação do acesso à justiça, celeridade na resolução e segurança jurídica, de modo a construir uma justiça democrática e ultrapassar a cultura adversarial (Nascimento, 2021, p.37-39).

A partir disso, o Sistema Multiportas (Multi-Door Courthouse) foi desenvolvido. Este tem como objetivo demonstrar a gama de métodos que visam à resolução de conflitos para além do processo tradicionalmente conhecido. Ele também ressignifica o Poder Judiciário como um local de resolução de disputas e não de disseminação da cultura adversarial (Nascimento, 2021, p.39-40).

O Sistema Multiportas foi idealizado pelo Professor Frank Sander, docente da Faculdade de Direito da Universidade de Harvard, a partir da década de 1970, período em que focou seus estudos e vida docente nos métodos consensuais de resolução de conflitos. Em síntese, o referido jurista compreendia que o Poder Judiciário não deveria ser resumido ao processo em si, pois o sistema judiciário deveria funcionar com um edifício com diversas portas que ofereçam acesso aos benefícios desta construção.

O Professor Frank Sander lançou um documento denominado "Varieties of dispute processing" (Variedades do processamento de conflitos) em 1976, durante a Pound Conference, no qual inaugurou a expressão "Tribunal Multiportas", um modelo multifacetado de resolução de controvérsias (Almeida et al, 2012, p.27-28). A construção deste instituto e o desenvolvimento deste tema teve origem em estudos sobre direito de família, disciplina que o Professor Frank Sander lecionava à época, e cursos sobre resolução não conflitante de controvérsias. Na ocasião, foi constatado que o Poder Judiciário não tinha capacidade de contribuir com soluções realmente satisfatórias para conflitos familiares, sendo que a experiência em arbitragem resultou em questionamentos sobre o quão promissor seria a adoção de outros métodos para a resolução de conflitos desta natureza (Almeida et al, 2012, p.30-31).

O estudo não se mostrou simples. Isso porque não seria suficiente o mero estabelecimento de diferentes portas para acesso ao sistema de justiça, pois também seria necessário verificar quais seriam as portas mais adequadas para cada espécie de conflito, o que é uma tarefa complexa (Almeida et al, 2012, p.32). Apesar da complexidade da questão, o desenvolvimento do Sistema de Justiça Multiportas se mostrou de enorme relevância para o Direito, diante do aprimoramento das formas de acesso à justiça.

No Direito Brasileiro, o Sistema de Justiça Multiportas foi difundido pela obra coordenada por Hermes Zaneti Júnior e Trícia Cabral, publicada primeiramente em 2016. Além disso, a reforma do Poder Judiciário também foi influenciada pelo Banco Mundial, sendo realizada por meio da Emenda Constitucional nº 45, de 30 de dezembro de 2004. A referida emenda trouxe inúmeros avanços para o sistema de justiça brasileiro e contribuiu para a transparência, a celeridade, a eficácia e a melhoria no acesso à justiça, tendo criado o Conselho Nacional de Justiça, que administra e fiscaliza o Poder Judiciário. Ocorre que a ideia de "Tribunais Multiportas" formulada pelo Professor Frank Sander acaba não abrangendo a realidade brasileira, que possui cenário de expansão, reformas e diferentes espécies de litigantes.

Na obra "Introdução à Justiça Multiportas", de autoria de Fredie Didier Jr. e Leandro Fernandez, é exposta a analogia de uma praça em constante reforma e expansão, na qual há interação entre diferentes instituições que objetivam a resolução de conflitos e é frequentada por diferentes transeuntes, como litigantes eventuais e litigantes habituais, que escolhem o caminho a ser trilhado na praça (Didier & Fernandez, 2024, p.44-45). A partir desta analogia, é reconhecido que a compreensão de "Tribunais Multiportas" não seria tão promissora no ordenamento jurídico brasileiro, pois seria mais adequada a ideia de "Sistema de Justiça Multiportas", pois o tribunal não é o ponto central da organização dos temas inerentes ao direito.

O sistema brasileiro de justiça multiportas é marcado pelas seguintes características: auto-organização; abertura; preferência pela solução consensual de problemas jurídicos; adoção do modo adequado para a solução do problema jurídico; e a integração.

A auto-organização do sistema brasileiro de justiça multiportas advém da complexidade da interação entre cada elemento da estrutura do sistema de justiça, que tem capacidade de se reorganizar em condições diferentes e cada vez mais complexas em razão da complexização da vida em sociedade. Em outras palavras, trata-se de um sistema em constante desenvolvimento que visa solucionar os conflitos existentes na cada vez mais complexa sociedade, agregando componentes necessários à resolução de cada controvérsia apresentada na porta (Didier & Fernandez, 2024, p.113-115).

A abertura é observada em vários aspectos, pois o sistema brasileiro de justiça multiportas sempre está aberto a conceber novos sujeitos, modos de solução de conflitos, institutos, fontes normativas, entre outros elementos. Logo, não é um sistema exaustivo e é flexível, pois sempre se atenta aos diagnósticos acerca do acesso à justiça no país e se expande para atender às necessidades que lhe são apresentadas (Didier & Fernandez, 2024, p.118-127).

A preferência pela solução consensual é demonstrada no incentivo à adoção de soluções negociais, pois significa que há maior participação e poder das partes para solucionar as controvérsias de forma célere e com autonomia, deixando a "cultura da sentença" de lado e incentivando a "cultura da paz" (Didier & Fernandez, 2024, p.128).

A adoção de modos adequados de solução de problemas jurídicos é uma das maiores preocupações do sistema de justiça multiportas. Isso porque não basta apenas direcionar os litigantes aos meios consensuais, mas também identificar qual é o método mais adequado para solução do problema específico. Para isso, são avaliados diferentes elementos, como as características do problema apresentado, aptidão do método para o problema concreto, interesse das partes, custos, tempo exigido para a resolução da demanda, existência de urgência e eficiência do sistema (Didier & Fernandez, 2024, p.132-133).

Já a integração se refere à relação entre cada uma das portas de acesso à justiça existentes, pois as portas não são isoladas e interagem entre si. Por isso, o sistema brasileiro de justiça multiportas mostra-se tão atento às peculiaridades dos problemas jurídicos que lhe são apresentados. Também se mostra complexo por abarcar tantos elementos dentro de sua auto-organização.

Analisar o sistema de justiça multiportas é deveras importante, pois ela possibilita que seja feita uma análise crítica da atuação do Centro Judiciário de Resolução de Conflitos e Cidadania no âmbito do segundo grau no Tribunal de Justiça do Paraná. Passa-se, agora, a analisar o referido sistema.

Definição e características do Sistema de Justiça Multiportas

Para a compreensão do Sistema de Justiça Multiportas, é necessária a assimilação dos conceitos primários de: problema jurídico, justiça e portas de acesso à justiça, os quais passa-se a expor em seguida.

O primeiro conceito primário se refere ao "problema jurídico", que consiste em uma espécie de problema presente na sociedade, o qual pode ser resolvido a partir da utilização de ferramentas disponibilizadas pelo Direito. Esta espécie de problema existe na forma concreta, situações fáticas que podem ser resolvidas pelo sistema de justiça, e na forma teórica, teses sobre possíveis problemas que são resolvidos pela edição de normas que visam evitar a concretização do problema.

O conceito de justiça é um tema filosófico extremamente complexo, porém, para a finalidade de estudo do sistema de justiça multiportas, pode ser resumido como uma solução adequada para o problema jurídico. Isto posto, a solução adequada do problema jurídico poderá ocorrer por meio de algumas das portas do sistema de justiça. A porta seria um meio de acesso à justiça, sendo que cada porta pode dispor de diferentes métodos de resolução dos problemas jurídicos apresentados.

Logo, o sistema de justiça multiportas torna-se cada vez mais relevante para trazer efetividade ao ordenamento jurídico como um todo. Este sistema tem como um de seus principais objetivos a facilitação ao acesso à justiça, pois proporciona métodos adequados para a resolução de conflitos de forma menos onerosa e mais rápida. Consequentemente, cumpre outro objetivo relacionado ao desafogamento do Poder Judiciário, uma vez que a adoção de métodos consensuais de resolução de conflitos leva à redução do volume de processos judiciais tradicionalmente considerados, pois possibilita a resolução por outros meios.

A promoção e o incentivo da resolução consensual de conflitos acabam trazendo mais efetividade aos resultados, pois a resolução é construída de forma colaborativa e consensual ao invés da imposição de decisão acerca do conflito.

Tipos de Justiça Multiportas

Em conformidade com as explicações expostas no tópico precedente, a expressão "Justiça Multiportas" traduz de forma simples o conceito de existência de diversos meios para a resolução de problemas jurídicos para além da jurisdição tradicionalmente cogitada. A heterocomposição se refere à resolução do conflito mediante a intervenção de agente externo ao conflito, ou seja, as partes envolvidas na controvérsia submetem o conflito à análise de terceiro em busca de resolução.

Em síntese, as partes optam por eleger um agente externo para analisar o conflito e propor a solução, ao invés de construírem uma solução por si próprias. Portanto, a solução pode ser construída pelo Poder Judiciário, por árbitros, por tribunais arbitrais, por agências reguladoras, por instituições reconhecidas como legítimas, entre outros agentes externos à controvérsia apresentada. Apesar da opção de ingresso pela porta da heterocomposição, cumpre destacar que é possível a interação entre cada porta, razão pela qual a opção inicial não significa a permanência até a decisão final do agente escolhido para solucionar o conflito (Didier & Fernandez, 2024, p.187-188).

Isto posto, no contexto de debate acerca do sistema de justiça multiportas, a heterocomposição passou por um processo de releitura e adquiriu novas interpretações para além da compreensão de adjudicação do conflito pelo Poder Judiciário. Isso porque a própria jurisdição assumiu formações e atividades diversificadas, a qual é materializada de diversos modos e em conformidade com cada tipo de conflito, objetivos, partes envolvidas, entre outros elementos (Didier & Fernandez, 2024, p.188-190).

A autotutela se refere à resolução do conflito pela própria parte envolvida, que busca impor a solução à parte contrária. Porém, este método que visa à "busca de justiça com as próprias mãos" é vedado pelo ordenamento jurídico, salvo nas exceções expressamente previstas em lei (Lasmar et al, 2023, p.5).

A execução extrajudicial no contexto do sistema de justiça multiportas refere-se ao processo de execução de obrigações que ocorre fora do âmbito judicial formal, ou seja, sem a necessidade de intervenção direta do Poder Judiciário, mas com a possibilidade de ser feita por meios adequados de resolução de conflitos. Trata-se de uma porta que objetiva o cumprimento de obrigações sem a necessidade ou com intervenção mínima de agente externo à relação, incentivando a resolução por meio de instrumentos previamente acordados entre as partes, ou seja, há uma desjudicialização da execução.

É possível citar três níveis de desjudicialização da execução, quais sejam: transferência de atribuições do juiz para outros agentes integrantes do Poder Judiciário; delegação da capacidade de realização de atos executórios para agentes externos ao Poder Judiciário; e transferência total ou quase integral da capacidade para a realização de atos executórios para agentes externos ao Poder Judiciário.

O primeiro nível não representa a desjudicialização de fato, uma vez que a atribuição de condução da execução permanece dentro do Poder Judiciário (Didier & Fernandez, 2024, p.239-241). No tocante ao último nível, há uma aproximação com a autotutela, razão pela qual sua utilização é muito limitada e deve observar os estritos termos de legislação pertinente. Nestes casos, é muito comum observar a materialização da execução extrajudicial relativas a contratos com previsões específicas de execução da obrigação pactuada, como o exemplo do penhor, hipoteca, alienação fiduciária e outras garantias reais, bem como contratos de adesão com previsão de resolução de eventuais conflitos sem a intervenção direta do Poder Judiciário.

A solução consensual se refere à resolução do conflito pelas próprias partes envolvidas, ou seja, consiste em método no qual os litigantes buscam a solução da controvérsia de maneira negocial sem a intervenção de terceiros (Zaffari & Scholze, 2018, p.58). Este método é muito interessante e vantajoso por proporcionar maior celeridade na resolução e dirimir o desgaste entre as partes, o que certamente ocorre em litígios de longa duração.

O Brasil foi um dos pioneiros do movimento de incentivo à solução consensual, tendo determinado a submissão de todas as causas à tentativa de conciliação previamente à apreciação do Poder Judiciário na Constituição Imperial (Grinover, 2012, p.16).

O principal fundamento do método de solução consensual de conflitos é a pacificação, a fim de fugir da imposição de decisão do processo judicial ou arbitral e incentivar a construção da solução pelas próprias partes envolvidas, diminuindo a insatisfação e o desgaste ao longo do processo. Os principais métodos consensuais de solução de conflitos são a negociação, a mediação e a conciliação, em que as partes constroem a solução do conflito submetido à análise, sendo que cada uma possui alguma peculiaridade.

A negociação consiste em técnica presente nos métodos consensuais de solução de conflitos e é muito adequada para situações nas quais as partes envolvidas mantém um relacionamento minimamente pacífico, diferenciando-se da conciliação e da mediação por ser um método no qual as partes envolvidas constroem a solução por si só, sem a intermediação de um terceiro externo à relação (Gabbay, 2023, p.133-134).

A mediação consiste em método que envolve um terceiro imparcial que coordena reuniões visando à reflexão e resolução de conflitos que tragam satisfação para todas as partes, tendo encontros separados e conjuntos com as partes envolvidas. A autonomia das partes é o ponto central desta opção, pois ela só ocorre mediante vontade das partes envolvidas e o caráter voluntário da obrigação eventualmente assumida torna a resolução mais efetiva, além de contar com a confidencialidade da mediação (Braga Neto, 2023, p.152-154).

Já a conciliação envolve um terceiro imparcial que atua como facilitador, visto que objetiva colaborar para que as partes envolvidas dialoguem e tenham capacidade de identificar os interesses que poderão ser objeto de transação (Tartuce, 2023, p.213). Ela possui inúmeros benefícios e incentiva a cultura da paz, afastando a cultura da sentença tão enraizada na sociedade. Porém, as soluções consensuais de conflitos não podem ser tidas com meios de afastar a apreciação jurisdicional e o reconhecimento de direitos, pois estes métodos não se resumem ao fundamento funcional de eficientismo que visa dirimir a crise da justiça e reduzir a quantidade de processos em trâmite (Tartuce, 2023, p.221-222).

No mesmo sentido, há outros doutrinadores que expõem que esse método consiste em negócio jurídico praticado por aqueles que tem interesse na resolução de uma controvérsia.

> A conciliação como método, é forma de aproximação e conversa entre as partes e poder judicial ou extrajudicial. Sobre esta questão, já houve embate na doutrina se a mesma poderia ser extrajudicial, o que nos parece superada pelo CPC em seu art. 784, que afirma que o termo produzido pelo devedor ou por acordantes mediante conciliador designado é título executivo extrajudicial. Desta forma, podemos afirmar que a conciliação é um negócio jurídico praticado por quem tem capacidade e interesse na resolução de um conflito. Como ensina Tucci (1985), podem ser objetos de mediação os direitos disponíveis e os indisponíveis que admitem transação. (Farias & Ferreira, 2021, p.52-53).

O sistema de justiça multiportas constitui um complexo esquema de promoção e incentivo à resolução de conflitos de forma mais efetiva e célere, a fim de evitar a morosidade do processo judicial e garantir o cumprimento das obrigações assumidas voluntariamente pelas partes envolvidas. Entretanto, não é possível adotar os métodos criados e incentivados pelo referido sistema para o fim de reduzir os custos ou o volume de processos em trâmite nos tribunais pátrios. Isso porque as portas disponibilizadas pelo sistema de justiça multiportas devem garantir o efetivo acesso à justiça.

Por isso, é necessário a submissão de caso a um exame prévio de adequação visando a compreensão de qual alternativa, ou seja, qual porta do sistema de justiça é mais adequada para a resolução dos conflitos e a efetivação do direito ao acesso à justiça (Didier & Fernandez, 2024, p.274-277). O exame de adequação é dinâmico e pode se tornar complexo, por isso é de extrema importância a análise pormenorizada do problema jurídico e a compreensão de qual porta é mais adequada para a sua solução. Ademais, não se pode deixar de reconhecer que a vida social é dinâmica e os conflitos também são, por isso a opção por uma porta em um momento inicial não impede a remessa para outra porta posteriormente, a fim de garantir a solução mais adequada no trânsito do sistema de justiça multiportas (Ferreira, 2021, p.469).

Diante dos fundamentos teóricos acerca do sistema de justiça multiportas, passa-se à análise da aplicação prática dos métodos adequados de solução de conflitos mediante breve análise de direito comparado.

Breve análise de direito comparado

Conforme esclarecido ao longo dos tópicos precedentes, o Sistema de Justiça Multiportas foi concebido pelo Professor Frank Sander e apresentada na Pound Conference (Conferência Nacional sobre as Causas de Insatisfação Popular com a Administração da Justiça) em 1976. Ele ficou conhecido como tribunal multiportas ou sistema multiportas (Multi-Door Courthouse).

O Sistema de Justiça Multiportas preconiza o Poder Judiciário como centro de resolução de controvérsias que dispõe de "portas" que guardam diferentes procedimentos, sendo que o jurisdicionado pode averiguar as vantagens ou desvantagens de cada método para garantir maior efetividade na resolução do conflito, considerando as particularidades da situação para a qual busca solução. Nesse contexto, a dinâmica do direito estadunidense foi transformada pela cultura consensual e houve um movimento em favor do que foi denominado como Alternative Dispute Resolution (ADR).

Essa transformação foi incentivada por discussões acerca do congestionamento dos tribunais e da existência de processos morosos, bem como da previsão de crescimento da litigância. Por essa razão, passou-se a compreender que o funcionamento tradicional dos tribunais não seria eficaz no contexto da litigância excessiva e foi idealizado um centro de solução de conflitos, o qual disponibilizaria métodos distintos e possibilitaria a aplicação do método mais adequado para a solução de cada espécie de litígio (Menegon, 2023, p.39-40). Isso porque o sistema de justiça passaria a compreender que há diferentes litígios e diferentes litigantes, motivo pelo qual poderia aplicar o método mais adequado dentre a gama de meios disponíveis em seus centros de solução de conflitos (Menegon, 2023, p.40).

Para o Professor Frank Sander, o principal diferencial do sistema multiportas é o procedimento inicial de triagem e encaminhamento, momento em que são investigadas as peculiaridades do litígio apresentado e é realizado o encaminhamento para a "porta" mais adequada. A idealização desse procedimento decorreu da percepção sobre a morosidade do sistema de justiça tradicional e as dificuldades de acesso à justiça por grande parte da sociedade. A idealização do procedimento foi pautada nas ondas renovatórias do acesso à justiça e na premissa de proporcionar resoluções justas para cada espécie de conflito (Menegon, 2023, p.41-42).

A instauração do sistema multiportas não seria um movimento contrário ao controle jurisdicional e o processo tradicional, mas sim uma nova concepção de que há determinados casos que podem ser encaminhados para outras "portas" mais adequadas de solução de conflitos, o que diminuiria o congestionamento e permitiria que as demandas complexas fossem tratadas de forma mais cautelosa pelos tribunais (Menegon, 2023, p.44).

Passando à análise de questões práticas do sistema estadunidense, as primeiras iniciativas de aplicação do sistema multiportas ocorreram na década de 70 por meio da criação do "sumary jury trial" (julgamento do júri sumário), no Distrito Norte de Ohio, e o "early neutral evaluation" (avaliação neutra prévia), no Distrito Norte da Califórnia. Na década de 1980, houve a instauração de programas pilotos de arbitragem obrigatória nos processos financiados pelo Congresso e a implementação da Lei sobre aperfeiçoamento judicial e acesso à justiça, que ampliou essa espécie de projeto.

Em seguida, já na década de 1990, ocorreu a reforma da justiça civil que contribuiu para o desenvolvimento dos Alternative Dispute Resolution. Nesse contexto, foi construído um conceito sobre essa espécie de método, que consiste em um processo alternativo que não implica na tradicional adjudicação do litígio por um magistrado. Neste, um terceiro auxilia na resolução por meio de uma avaliação prévia e neutra, bem como adotando os métodos consensuais (Facchini Neto, 2020, p.1167-1168). São exemplos de associações que prestam serviços envolvendo mediação e conciliação em conflitos familiares, como a Nacional Family Conciliation Council (1982) e a Family Mediator Association (1986), as quais também oferecem treinamento para seus colaborares em relação aos métodos adequados de solução de conflitos (Facchini Neto, 2020, p.1168).

O modelo conciliatório (consensual-oriented model) visa resolver o litígio por meio de uma solução construída e anuída pelas partes e demonstra mais êxito em relação a outros métodos, a exemplo do modelo decisório (decision-oriented), no qual um terceiro não magistrado impõe uma decisão (Facchini Neto, 2020, p.1169).

No contexto da Suprema Corte dos Estados Unidos, há uma tendência de remessa dos conflitos para a tentativa de mediação, com exceção de causas que envolvam lesões, violência doméstica, abuso de menores, armas ou partes vulneráveis (Muniz & Silva, 2018, p.296-297). No estado de Connecticut, a triagem remete as demandas para outras "portas" a critério do magistrado ou vontade das partes, com exceção da remessa obrigatória para sessão de mediação realizada em conflitos de família ou execução de hipoteca previamente à distribuição do processo (Muniz & Silva, 2018, p.298). No estado de New Jersey, o sistema multiportas é muito valorizado e é implementado desde a distribuição da demanda, momento em que é realizada triagem sobre as particularidades do conflito e classificação individual para aplicação dos mecanismos de resolução mais adequados conforme sua natureza, de acordo com critérios pré-definidos por normas administrativas ou legislação pertinente (Muniz & Silva, 2018, p.298).

O exemplo estadunidense não segue um padrão específico, mas o sistema de justiça se demonstrou favorável aos Alternativa Dispute Resolution em várias oportunidades, inclusive pela Suprema Corte dos Estados Unidos, tribunais locais e associações. Todas as experiências tiveram como objetivo facilitar o acesso à justiça e garantir eficácia das resoluções.

A experiência europeia demonstra maior preocupação com questões consumeristas, como observa-se no memorando apresentado pela Comissão Europeia ao Conselho da Europa em 1985, que dispõe que a efetividade do reconhecimento do direito somente é alcançada mediante facilitação do acesso à justiça. Essa iniciativa resultou na aprovação de propostas sobre o acesso à justiça dos consumidores, mediante adoção de mecanismos judiciais e extrajudiciais de forma harmônica para efetivar os direitos (Facchini Neto, 2020, p.1159). No mesmo sentido, a proposta aprovada pelo Parlamento Europeu em 2008 visou à instituição de procedimentos extrajudiciais de facilitação do acesso à justiça e meios voluntários de resolução de litígios (Facchini Neto, 2020, p.1160).

Diferentemente do modelo estadunidense, a experiência europeia mantém o monopólio do Estado sobre o Poder Judiciário e tenta refrear o desenvolvimento de sistemas informais de justiça (Facchini Neto, 2020, p.1162). Cada país europeu possui uma vivência diferente e não tão intensa quanto a estadunidense nesse quesito, mas é possível observar uma tendência de organizar os meios de acesso à justiça e criar estratégias que incentivem a resolução consensual de conflitos, visto que esses sistemas de justiça também convivem com a questão do aumento dos acervos de processos (Facchini Neto, 2020, p.1164-1165).

Nesse contexto, é possível mencionar exemplo recente de legislação publicada pela Espanha (Lei Orgânica nº 1/2025), que demonstra preocupação com a crescente complexidade das relações sociais e econômicas que implicam no aumento da litigiosidade, razão pela qual há necessidade de reorganização da Administração da Justiça. Inclusive, dispõe sobre a atuação do conciliador em vários momentos processuais e reconhece os métodos consensuais como mecanismos adequados de solução de controvérsias por meio de um procedimento estruturado e regulado.

Na experiência da América Latina, em que pese as constituições apresentarem previsões de direitos dos cidadãos e acesso à justiça, há muitas "resoluções" que geram resultados insatisfatórios pela desigualdade de poder dentro das relações conflituosas. Por isso, a implementação de métodos adequados de solução de conflitos é tão relevante para a construção de um consenso real pelas partes envolvidas com participação efetiva e escuta ativa.

No contexto de disseminação do Alternative Dispute Resolution idealizado nos Estados Unidos, a Argentina foi o primeiro país latino a adotar medidas para estimular a aplicação dos métodos adequados de solução de conflitos por meio do Programa Nacional de Mediação e que, posteriormente, influenciou o Decreto nº 1.480/1992, que reconheceu o interesse nacional em métodos não adversariais de resolução de conflitos. O referido decreto foi elaborado com base na compreensão de que os processos judiciais estavam aumentando cada vez mais e que o sistema de justiça estaria à beira de um colapso, o que não seria compatível com ideias de convivência harmoniosa[5].

Isso porque reconheceu que a dinâmica de aumento dos acervos de processos ativos junto ao tribunal geraria a morosidade das atividades, o que aumentaria a urgência da busca por outros métodos mais eficientes para compreender esse problema e reduzir a realidade de congestionamento do Poder Judiciário. Portanto, os meios convencionais não mais estariam se demonstrando eficazes, sendo necessária a adoção de outros métodos que permitissem a resolução de conflitos de forma mais célere.

---

5 VISTO el proceso de acumulación de causas judiciales que se incrementa día a día, lo que genera un grado de morosidad incompatible con las exigencias de una vida comunitaria armónica, y la consecuente necesidad de encontrar los medios apropiados para entender tal problema, y

CONSIDERANDO Que las investigaciones empíricas llevadas a cabo para determinar la cantidad de procesos en trámite ante los tribunales de los distintos fueros y la "performance" de tales órganos jurisdiccionales, pone en evidencia el estado de colapso en que se encuentra el PODER JUDICIAL, en atención a su congestionamiento.

Neste sentido, a Lei nº 26.589/2010 prevê que a mediação prévia é obrigatória para o prosseguimento do processo judicial, com exceção dos casos previstos em lei, sendo essencial a promoção de diálogo direto entre as partes e a tentativa de solução extrajudicial do conflito. Inclusive, a referida lei dispõe expressamente que a apresentação de ata de mediação é requisito para o ajuizamento de ação judicial.

Diante dos fatos narrados, observa-se que as experiências concretas mencionadas, mesmo que de modos distintos, visam atender adequadamente cada espécie de conflitos e incentivar a formação dos agentes de justiça que implementarão os métodos adequados de solução de conflitos e representarão as várias "portas" do sistema de justiça. Na experiência brasileira, a adoção de métodos consensuais de solução de conflitos é incentivada há décadas e evoluiu muito após a reforma do Poder Judiciário implementada pela Emenda Constitucional nº 45/2004 e, principalmente, pela Resolução nº 125/2010 do Conselho Nacional de Justiça.

Dentre as experiências analisadas, é possível identificar muitas distinções com as práticas adotadas pelo sistema brasileiro, em especial a especificação de critérios pré-definidos para a remessa das demandas para as portas mais adequadas. Isso porque há poucas previsões legais expressas dispondo sobre quais seriam os métodos adequados para as diferentes espécies de conflitos, como são os exemplos da indicação de mediação para litígios que versem sobre direitos possessórios esbulhados há mais de um ano (artigo 565 do Código de

Processo Civil)[6] ou indicação de mediação ou conciliação para controvérsias nas ações de família e guarda (artigo 694[7] e 699[8] do Código de Processo Civil).

Apesar disso, é possível compreender que todos os sistemas mencionados não pretendem apenas disponibilizar mecanismos diversos, mas sim organizar os variados métodos de solução de conflitos e demonstrar a viabilidade de resolução de controvérsias por meio de caminhos para além do processo judicial tradicional. Essa compreensão pode ser extraída da política judiciária de tratamento adequado dos conflitos concebida na Resolução nº 125/2024 elaborada pelo Conselho Nacional de Justiça e pelo incentivo à adoção de métodos consensuais de solução de conflitos em todos os momentos processuais, como expressamente disposto no próprio Código de Processo Civil.

O sistema de justiça multiportas brasileiro possui característica de integração das portas de acesso, demonstrando diferença em relação a ausência de padrão único dos demais sistemas, visto que incentiva a articulação de diferentes instituições e compreende a possibilidade de subdividir o papel de conduzir o processo de solução de problemas jurídicos entre as diferentes portas de acesso à justiça (Didier & Fernandez, 2024, p.95).

---

6 Art. 565. No litígio coletivo pela posse de imóvel, quando o esbulho ou a turbação afirmado na petição inicial houver ocorrido há mais de ano e dia, o juiz, antes de apreciar o pedido de concessão da medida liminar, deverá designar audiência de mediação, a realizar-se em até 30 (trinta) dias, que observará o disposto nos §§ 2º e 4º.

7 Art. 694. Nas ações de família, todos os esforços serão empreendidos para a solução consensual da controvérsia, devendo o juiz dispor do auxílio de profissionais de outras áreas de conhecimento para a mediação e conciliação.

8 Art. 699-A. Nas ações de guarda, antes de iniciada a audiência de mediação e conciliação de que trata o art. 695 deste Código, o juiz indagará às partes e ao Ministério Público se há risco de violência doméstica ou familiar, fixando o prazo de 5 (cinco) dias para a apresentação de prova ou de indícios pertinentes.

Diante disso, conclui-se que o direito brasileiro já trilhou um longo caminho para implementar os métodos adequados de solução de conflitos e está em contínua evolução para a estruturação do sistema multiportas com base em experiências de outros ordenamentos jurídicos, o que será mais bem analisado no próximo tópico.

CONCILIAÇÃO

Aspectos históricos e evolução no Brasil

A ocorrência de conflitos nas relações em sociedade é inevitável e, a dinamicidade do corpo social torna esses conflitos cada vez mais complexos. Esta situação traz reflexos no ordenamento jurídico brasileiro, conhecido como um dos mais litigiosos do mundo.

Com a consolidação dos Estados modernos, foi difundida a compreensão de que o meio adequado para solução de conflitos seria a jurisdição. Isso porque ela é baseada em um arcabouço de regras e procedimentos voltados à resolução de controvérsias de forma imparcial e fundamentada (Silva, 2023, p.13-14). No contexto de grande volume de processos ajuizados, inicia-se a disseminação de questionamentos sobre a adequação e efetividade da jurisdição para resolução dos conflitos surgidos na sociedade, que ganharam espaço para debates entre a população diante da insatisfação com o sistema de justiça estatal. A organização da jurisdição não excluiu os outros meios de resolução, ao lado de meios heterocompositivos, meios autocompositivos e até mesmo da autotutela, ao menos no plano teórico. A resolução de conflitos de forma consensual existe muito antes do processo judicial conduzido pelo Estado, como é conhecido na atualidade, nunca tendo deixado de ser praticada.

Considerando que o sistema de justiça está cada vez mais saturado com o volume de demandas ajuizadas, os meios adequados de resolução passam a ser cada vez mais incentivados (Silva, 2023, p.16). Apesar desse incentivo, ainda é verificada uma grande dependência da decisão judicial no sistema de justiça brasileiro. Por essa razão, a conciliação e a mediação foram mais bem aceitas, principalmente em comparação à arbitragem institucionalizada anteriormente (Silva, 2023, p.18).

A Constituição Imperial de 1824 já incentivava a resolução de conflitos por meio de outras formas para além da decisão judicial, sendo que a prévia tentativa de conciliação era condição indispensável para o processamento de qualquer pedido, sob pena de reconhecimento da falta de interesse de agir. Este método estava expressamente previsto na Carta Magna à época, no artigo 161, que condicionava como requisito para ação a tentativa prévia de composição. O artigo 162 positivava a existência de juízes de paz. Cabia ao juiz de paz conduzir a tentativa de conciliação obrigatoriamente, pressuposto necessário para o prosseguimento do processo na hipótese de a composição restar infrutífera. No contexto do Código Comercial de 1850, cumpre mencionar que também havia previsão acerca da conciliação como ato obrigatório previamente à propositura de uma ação judicial, seja por vontade das partes ou por determinação judicial, conforme disposto no artigo 23 do Decreto nº 737 de 25 novembro de 1850[9], que estabelecia a ordem do juízo no processo comercial.

Após a Proclamação da República, a obrigatoriedade da tentativa prévia de conciliação foi afastada pelo Decreto nº 359 de 26 de abril de 1890, pois tal ato era entendido como excessivamente oneroso e ineficaz em muitas situações. A partir disto, nenhuma conciliação ou legislação infraconstitucional mencionou as funções relativas à composição de litígios dos juízes de paz (Silva, 2013, p.157-158). Anos mais tarde, a conciliação no âmbito judicial retornou de forma gradativa. Cita-se, primeiramente, a Lei nº 968 de 10 de dezembro de 1949, que estabelecia fase preliminar de conciliação nas causas de desquite litigioso ou que tratavam de alimentos. Também se menciona a

---

9 Art. 23. Nenhuma causa commercial será proposta em Juizo contencioso, sem que préviamente se tenhn tentado o meio da conciliação, ou por acto judicial, ou por comparecimento yoluntario das partes.

Lei nº 5.748 de 25 de junho de 1968, que incentiva a conciliação em diferentes etapas do processo, desde o início com a audiência de conciliação e, após a fase de instrução, com a renovação da proposta de conciliação, dispondo que o devedor receberia segunda via da petição e seria cientificado sobre a data da audiência de conciliação e julgamento no mesmo ato.

Na audiência, o magistrado deve renovar os votos conciliatórios e proporcionar ambiente para as partes dialogarem sobre a possibilidade de resolver a controvérsia consensualmente[10]. O Código de Processo Civil de 11 de janeiro de 1973 restabeleceu a realização da conciliação, mas sem o caráter preliminar ou obrigatório outrora imposto, incentivando-o ao longo do processo a ser conduzido pelo juiz da causa. A restauração deste ato foi mais bem vista a partir da instituição dos Conselhos de Conciliação e Arbitramento no Rio Grande do Sul, que forneciam condições para a resolução consensual de conflitos por iniciativa das partes, em procedimento similar ao adotado nos Juizados Especiais atualmente (Silva, 2013, p.159).

Insta mencionar a Emenda Constitucional nº 45/2004, comumente conhecida como "Reforma do Judiciário", que proporcionou mudanças relevantes para o sistema de justiça brasileiro e o aprimoramento das atividades jurídicas, resultando em maior transparência, eficácia e democratização do acesso à justiça. Um dos exemplos de mudanças trazidas pela Emenda Constitucional nº 45/2004 diz respeito a criação do Conselho Nacional de Justiça, que possui função de administrar e fiscalizar a atuação do Poder Judiciário. No entanto, a atuação do Conselho Nacional de Justiça vai além

---

10 Art. 5º O escrivão, dentro de 48 (quarenta e oito) horas, remeterá ao devedor a segunda via da petição ou do termo, juntamente com a cópia do despacho do juiz, e a comunicação do dia e hora da realização da audiência de conciliação e julgamento.

[...] Art. 11 Terminada a instrução, poderão as partes e o Ministério Público aduzir alegações finais, em prazo não excedente de 10 (dez) minutos para cada um.

Parágrafo único. Em seguida, o juiz renovará a proposta de conciliação e, não sendo aceita, ditará sua sentença, que conterá sucinto relatório do ocorrido na audiência.

dessa incumbência, visto que também propõe políticas públicas com o objetivo de zelar pelo bom funcionamento do Poder Judiciário no âmbito de sua competência de regulação.

Em síntese, o Conselho Nacional de Justiça possui a competência de controlar a atuação do Poder Judiciário e o cumprimento dos deveres funcionais de seus membros, bem como desenvolver políticas judiciárias alinhadas aos princípios constitucionais, inclusive a inafastabilidade da justiça. Nesse contexto, cumpre referenciar o Movimento da Conciliação difundido pelo Conselho Nacional da Justiça em 2006, que incentivava a adoção de meios consensuais de solução de conflitos no Poder Judiciário de todo o país.

Posteriormente, sobreveio a Resolução nº 125/2010 do Conselho Nacional de Justiça, que previu a obrigatoriedade de adoção de meios consensuais de resolução de litígios e implementou a busca pela elaboração de política nacional de tratamento adequado de conflitos por meios consensuais, afastando a ideia de resolução pelo processo e prolação de sentença. A referida resolução buscou afastar a concepção de que o acesso à justiça se equiparava ao mero acesso formal ao Poder Judiciário, buscando implementar o ideal de acesso qualificado e a obtenção de resoluções reais, tornando-se uma verdadeira atualização do significado de "acesso à justiça" (Menegon, 2023, p.82-83).

A Resolução nº 125/2010 objetivou a alteração de paradigmas que o Poder Judiciário carregava e a disseminação da cultura de pacificação social, de modo a organizar as atividades do sistema de justiça e implementar métodos efetivos para a introdução dessa cultura de forma efetiva. Diante disso, os métodos adequados de solução de conflitos foram cada vez mais utilizados, visto que se trata de meio efetivos de pacificação social.

Já o atual Código de Processo Civil de 16 de março de 2015 menciona o dever de estimular a adoção dessas alternativas logo no início, conforme se observa no artigo 3º, em especial no parágrafo 3º, do referido diploma legal, que também estimula a adoção desses mecanismos a qualquer tempo no curso do processo judicial. Da análise do Código de Processo Civil atual, é possível visualizar que houve a incorporação da mentalidade trazida pela Resolução nº 125/2010 e da Política Judiciária Nacional de tratamento adequado dos conflitos de interesses, diante dos incentivos às práticas consensuais a qualquer tempo (Menegon, 2023, p.83-86).

A conciliação, por exemplo, é um meio autocompositivo em que um terceiro neutro e imparcial auxilia as partes na identificação das questões geradoras de conflitos em análise e incentiva a resolução de forma harmônica e rápida. Em síntese, consiste em método que permite aos jurisdicionados encontrar a melhor solução para o problema que estão enfrentando por si só, fazendo que estes se sintam parte da resolução ao invés de aguardar uma sentença que sequer está próxima da realidade dos fatos (Soares, 2018, p.75-77).

A audiência de conciliação e mediação está prevista no artigo 334 do Código de Processo Civil vigente, que estabelece a possibilidade de designação do ato logo após o recebimento da petição inicial, sem prejuízo de tentativas conciliatórias posteriores. Considerando que a conciliação passa a fazer parte do sistema processual, o ato passa a ser regido por regras e procedimentos que visam a maior efetividade, engajamento das partes e segurança jurídica.

Nos termos do Código de Ética de Conciliadores e Mediadores Judiciais, disposto no anexo III da Resolução nº 125/2010 do Conselho Nacional de Justiça, devem ser observadas normas de conduta no procedimento de conciliação e mediação. O artigo 2º da Resolução nº 125 do Conselho Nacional de Justiça dispõe que o procedimento de conciliação e mediação é pautado por regras que são caracterizadas como normas de conduta, que permitem o engajamento das partes e objetiva a pacificação da relação ali apresentada.

Para isso, impõe dever de informação para esclarecer cada etapa e regras de conduta a serem observadas no ato; dever de respeitar os pontos de vista de cada parte envolvida para garantir o consentimento qualificado e voluntário; dever de não forçar um acordo ou tomar decisões em nome das partes, pois a construção do acordo deve ocorrer pela vontade das partes; dever de esclarecer a possibilidade de participação de profissional da área afeta ao conflito; e dever de assegurar a compreensão sobre o acordo, para garantir o cumprimento voluntário das obrigações assumidas na transação[11].

Os métodos consensuais de resolução de conflitos foram cada vez mais aperfeiçoados e são parte integrante da rotina de cada jurisdicionado em todas as fases processuais. Outro avanço de extrema relevância para a resolução amistosa de conflitos se refere à criação do Núcleo Permanente de Métodos Consensuais de Solução de Conflitos e Cidadania trazido pela Resolução nº 125 do Conselho Nacional de Justiça, comumente denominado de CEJUSC.

---

11 Art. 2º. As regras que regem o procedimento da conciliação/mediação são normas de conduta a serem observadas pelos conciliadores/mediadores para o bom desenvolvimento daquele, permitindo que haja o engajamento dos envolvidos, com vistas à sua pacificação e ao comprometimento com eventual acordo obtido, sendo elas:

I - Informação - dever de esclarecer os envolvidos sobre o método de trabalho a ser empregado, apresentando-o de forma completa, clara e precisa, informando sobre os princípios deontológicos referidos no Capítulo I, as regras de conduta e as etapas do processo;

II - Autonomia da vontade - dever de respeitar os diferentes pontos de vista dos envolvidos, assegurando-lhes que cheguem a uma decisão voluntária e não coercitiva, com liberdade para tomar as próprias decisões durante ou ao final do processo e de interrompê-lo a qualquer momento;

III - Ausência de obrigação de resultado - dever de não forçar um acordo e de não tomar decisões pelos envolvidos, podendo, quando muito, no caso da conciliação, criar opções, que podem ou não ser acolhidas por eles;

IV - Desvinculação da profissão de origem - dever de esclarecer aos envolvidos que atuam desvinculados de sua profissão de origem, informando que, caso seja necessários orientação ou aconselhamento afetos a qualquer área do conhecimento poderá ser convocado para a sessão o profissional respectivo, desde que com o consentimento de todos;

V - Compreensão quanto à conciliação e à mediação - Dever de assegurar que os envolvidos, ao chegarem a um acordo, compreendam perfeitamente suas disposições, que devem ser exequíveis, gerando o comprometimento com seu cumprimento.

Os referidos órgãos foram criados com o objetivo de implementar em todos os tribunais a Política Judiciária Nacional de Tratamento Adequado dos Conflitos de Interesses, promovendo a capacitação de conciliadores e mediadores e incentivando a resolução amigável dos litígios.

De acordo com Fernanda Tartuce (Tartuce, 2013, p.128), é imperioso destacar o papel central que o advogado, na condição de receptor das inquietudes de seus clientes, exerce ao orientar e assessorar sobre os modos de lidar com problemas atuais ou potenciais. A partir do constante aperfeiçoamento e da importância que se dá aos métodos consensuais de resolução de conflitos, tem-se que as funções do advogado não devem se limitar à uma atuação excessivamente beligerante, mas também compreender o papel que o profissional do Direito exerce na sociedade moderna, a fim de aperfeiçoar a si mesmo no tocante ao exercício das funções de negociador e gerenciador de conflitos.

Isso, em certas hipóteses, dá-se a partir da percepção das limitações do impasse apresentado por seu cliente, visto que há casos em que a hipótese analisada permite que o advogado efetivamente possa reduzir ou limitar os riscos de um litígio judicial a partir da apresentação das vantagens que o cliente terá ao assumir certo grau de responsabilidade em sua situação fática. Tal prática, por sua vez, poderá incentivar a reflexão do sujeito envolvido no impasse quanto aos benefícios de adotar uma conduta não mais litigiosa, mas com um caráter predominantemente consensual, a fim de resolver a problemática instaurada, ainda que para isso tenha que assumir responsabilidades inicialmente indesejadas (Tartuce, 2013, p.128).

O aperfeiçoamento dos métodos consensuais de solução de conflitos e, consequentemente, sua maior aplicação de forma efetiva, não deve ser realizado somente a partir de ações do Poder Público, mas também deve ser incentivado e aperfeiçoado no âmbito da advocacia privada e, por extensão, às partes, a fim de que todos os sujeitos envolvidos na conciliação estejam previamente preparados para chegar a uma solução satisfatória para os interessados.

CONCILIAÇÃO EM SEGUNDO GRAU

A conciliação em segundo grau consiste em um procedimento que visa promover a resolução de conflitos em uma fase mais avançada do processo judicial. Em outras palavras, é uma tentativa de resolução de controvérsias durante o curso de recursos interpostos aos tribunais, ocasião em que o conflito já está se alongando e há possibilidade da decisão a ser proferida não ser tão efetiva quanto o esperado no início da lide. Portanto, a conciliação em segundo grau pode ser traduzida como uma forma de tentar solucionar disputas judiciais de forma mais rápida e eficiente, com o objetivo de evitar o prolongamento desnecessário do litígio e garantir a efetividade da prestação jurisdicional.

A conciliação em segundo grau possui os mesmos objetivos da conciliação amplamente considerada, como o desafogamento do Poder Judiciário mediante resolução de conflitos e redução do volume de processos ativos, com consequente agilidade na resolução. Porém, a conciliação em grau recursal possui outras peculiaridades e objetivos inerentes à fase processual. Isso porque a adoção de métodos adequados de resolução de conflitos neste contexto não significa apenas a redução do volume de processos judiciais ativos, mas também a possibilidade de obtenção de resolução mais rápida em comparação ao julgamento completo, que pode envolver diversos recursos até a certificação do trânsito em julgado e a execução do título executivo judicial.

Além disso, a conciliação em segundo grau tem a capacidade de promover acordos satisfatórios para ambas as partes, mediante a construção de solução com diálogo e cooperação dos envolvidos, os quais aguardam a resolução e não tem previsão precisa acerca da finalização do processo em si. A celebração de acordo pode resultar na concepção de soluções mais apropriadas aos sujeitos envolvidos, bem como muito mais céleres e eficientes em comparação ao julgamento moroso que o sistema de justiça pode trazer com o volume de demandas ajuizadas na atualidade.

Outrossim, a conciliação em grau recursal tem o potencial de diminuir os custos processuais pela composição entre as partes, reduzindo os gastos com honorários advocatícios, custas processuais e demais encargos financeiros inerentes ao litígio. A conciliação no segundo grau pode partir da iniciativa das partes envolvidas ou do próprio tribunal, principalmente quando foram verificados indícios sobre a possibilidade de formalização de acordo. As sessões de conciliação são presididas por um conciliador, que é o profissional capacitado para facilitar o diálogo entre as partes, o que é essencial no contexto de um litígio longo e que aguarda julgamento definitivo.

Na hipótese de formalização de acordo, a transação é homologada e constitui título executivo judicial. Porém, na hipótese de a conciliação restar infrutífera, os recursos interpostos seguirão o curso regularmente, sem prejuízo de continuidade das tratativas entre as partes, visto que o diálogo já teria sido facilitado por meio da instauração de sessão de conciliação.

A conciliação em segundo grau ganha cada vez mais destaque no contexto atual do sistema de justiça nacional, que lida com milhões de processos ativos. Em conformidade com o relatório analítico "Justiça em Números" elaborado pelo Conselho Nacional de Justiça, o Poder Judiciário brasileiro continha 83,8 milhões de processos ativos que aguardam decisões definitivas no final do ano de 2023, caracterizando aumento de 1,1% (uma vírgula um por cento) em relação ao ano anterior (CNJ, 2024, p.18). Além da questão atinente ao volume do acervo de processo em trâmite perante os tribunais, o sistema de justiça brasileira é marcado por índices altos de recorribilidade.

O relatório supracitado também analisa os indicadores de recorribilidade interna e externa. A recorribilidade interna diz respeito ao número de recursos internos interpostos, os quais serão julgados pelo próprio magistrado ou pelo órgão colegiado que prolatou a decisão vergastada (CNJ, 2024, p.263). Já a recorribilidade externa diz respeito ao número de recursos encaminhados pelo primeiro grau de jurisdição e recursos encaminhados pelos tribunais aos tribunais superiores, os quais serão julgados por tribunal distinto daquele que prolatou a decisão recorrida (CNJ, 2024, p.263).

Os índices variam em cada segmento de justiça, porém, o relatório demonstra percentuais altos em relação à recorribilidade externa. Apurou-se que 25% (vinte e cinco por cento) das sentenças de primeiro grau são encaminhadas para análise do segundo grau de jurisdição durante a fase de conhecimento e cerca de 7% (sete por cento) das sentenças de primeiro grau são encaminhadas na fase de execução.

Além disso, também se apurou que 26% (vinte e seis por cento) das decisões de segundo grau são encaminhadas aos tribunais superiores em razão da interposição de recursos, demonstrando percentuais altos de casos não resolvidos pela via tradicional do litígio (CNJ, 2024, p.266), conforme é possível observar no gráfico disponível na figura 1.

Figura 1

Série Histórica dos Índices de Recorribilidade Externa

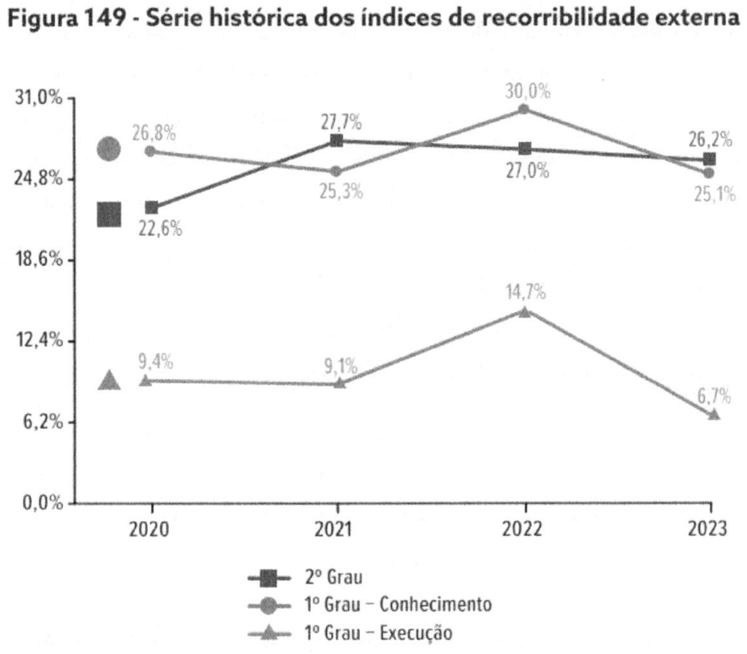

Nota: CNJ, 2024, p.268.

Em síntese, com base nos dados supramencionados, identifica-se que uma em cada quatro sentenças ou decisões são remetidas do primeiro para o segundo grau e, da mesma forma, pouco mais de um a cada quatro processos são remetidos do segundo grau para os Tribunais Superiores, o que resulta na morosidade de resolução dos conflitos (CNJ, 2024, p.267). No tocante aos índices de recorribilidade interna, constatou-se que o segundo grau de jurisdição alcança quase o dobro dos números relativos ao primeiro grau de jurisdição.

No primeiro grau, cerca de 8% (oito por cento) das decisões e sentenças prolatadas são objeto de recursos internos (julgados pelo próprio magistrado prolator). Já no segundo grau, 14% (quatorze por cento) das decisões são objeto de recursos internos, como agravos, embargos de declaração, arguição de inconstitucionalidade e incidentes de uniformização de jurisprudência, conforme pode-se observar no gráfico disponível na figura 2.

Figura 2

Série Histórica dos Índices de Recorribilidade Interna

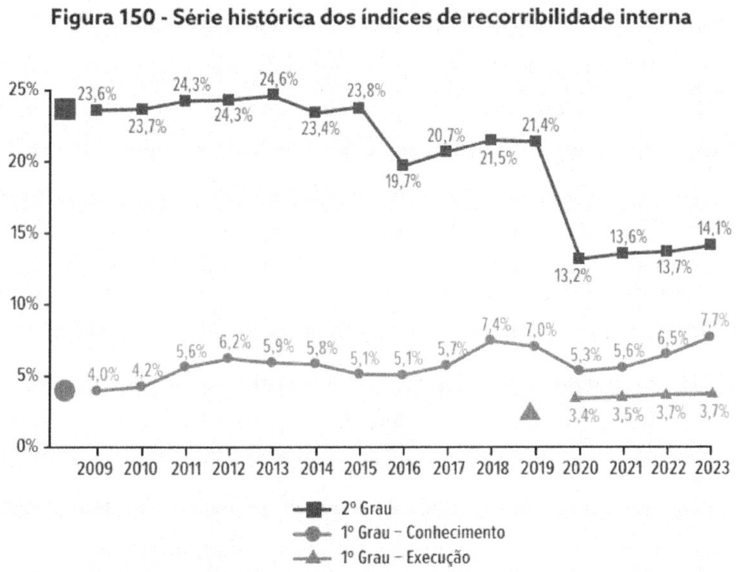

Nota: CNJ, 2024, p.268.

Cumpre sublinhar que os números mencionados acima não incluem os processos que se encontram suspensos em razão da pendência de julgamento de incidentes obrigatórios, como repercussão geral, recursos repetitivos, incidentes de assunção de competência e incidentes de resolução de demandas repetitivas.

A efetividade da conciliação em segundo grau pode ser avaliada sob diversas perspectivas. O primeiro exemplo diz respeito a agilidade na resolução do litígio, pois possibilita a resolução célebre e menos burocrática da controvérsia, que poderia levar muitos anos para obterem decisões definitivas pelo tribunal local ou tribunais superiores. Além disso, a opção pela conciliação pode reduzir os custos inerentes ao processo, pois a celebração de acordo pode proporcionar economia com honorários advocatícios contratuais e sucumbenciais, custas processuais, preparos recursais, entre outras despesas associadas ao prolongamento do processo judicial.

O incentivo à conciliação e formalização de acordo também cria reflexos em outras demandas. Isso porque a conciliação contribui para a redução da carga de processos em trâmite nos tribunais e, consequentemente, permite a concentração de recursos judiciários em demandas que realmente necessitam de uma decisão judicial, seja pela complexidade da matéria envolvida, indisponibilidade do direito para ser objeto de transação ou outros motivos. Portanto, a promoção de métodos consensuais de resolução de conflitos e incentivo à realização de sessões de conciliação desde o início do processo até a fase recursal pode impactar positivamente as atividades do Poder Judiciário.

A atuação dos Centros Judiciários de Solução de Conflitos no âmbito de segundo, mas não limitada a este grau de jurisdição, é alvo de diversas críticas. Atualmente, os métodos adequados de resolução de conflitos são incentivados de forma excessivamente inflamada, desde as previsões do legislador processual até a administração da justiça que lida com um grande acervo de processos. Isso porque a conciliação, assim como os demais métodos adequados de solução de conflitos, afasta a necessidade de análise aprofundada do litígio pelo magistrado e o conflito é "devolvido" às partes a fim de que busquem a solução. Porém, a distribuição de um processo judicial pressupõe que as partes envolvidas não obtiveram êxito na busca de uma solução por si próprias previamente, razão pela qual buscaram o Poder Judiciário para intervir no conflito, mas se acabam "obrigadas" a dialogar novamente.

Essa postura do Poder Judiciário já era analisada desde a década de 1940. Francesco Carnelutti já havia exposto a realidade do sistema de justiça italiano no tocante ao crescente incentivo à autocomposição de litígios, como uma forma de desobrigar o magistrado de decidir a controvérsia que lhe foi apresentada (Tartuce, 2023, p.229). Por isso, há críticas quanto ao fomento demasiado a autocomposição nas hipóteses em que não há probabilidade de êxito do método ou quando já foram esgotadas outras tentativas de resolução consensual, pois se trataria de situação de inobservância ao direito fundamental previsto de inafastabilidade da jurisdição, tendo em vista o dever de prestação de tutela jurisdicional quando houve acionamento do Poder Judiciário.

Outra questão relevante seria a efetiva participação das partes na construção da solução. Isso porque a tendência de incentivar a autocomposição sem a realização da devida análise de elementos subjetivos de cada caso pode comprometer a credibilidade do método, pois o incentivo poderia se tornar uma espécie de coerção das partes que se sentiriam obrigadas a transacionar. Por essa razão, o esforço conciliatório em nível demasiado traria questionamento acerca da real participação das partes na construção do "acordo" que colocaria fim ao litígio, pois estaria caracterizada uma "pseudo-autocomposição" que geraria desconfiança acerca da eficiência do sistema de justiça (Tartuce, 2023, p.231).

Também se critica a conduta dos conciliadores durante as sessões conciliatórias, conforme exemplos que se passa a expor. O primeiro exemplo se refere ao questionamento simples acerca da existência de acordo, visto que é evidente que as partes envolvidas foram intimadas para participar da audiência de conciliação, pois não teriam chegado a um acordo, razão pela qual esta pergunta não seria um ato de conciliação de fato e a hipótese de resposta negativa não seria apta para encerramento da sessão com a justificativa de que a tentativa teria restado infrutífera.

Outro exemplo se refere a ênfase sobre desvantagens de prosseguimento do processo, como os custos e a morosidade para a obtenção de resposta jurisdicional. Isso porque a disseminação desta visão sobre as instituições e atuação do Poder Judiciário gera desconfiança e compreensão de incapacidade dos órgãos jurisdicionais, trazendo os métodos consensuais de solução de conflitos como única saída para a resolução da controvérsia entre os sujeitos envolvidos sob o argumento de que seria inviável a obtenção de resultados eficientes pela via tradicional (Tartuce, 2023, p.234). Também é possível citar a intimidação para que as partes envolvidas celebrem acordo, sob pena de obtenção de resultados insatisfatórios na hipótese de prosseguimento do processo. Esta conduta resultaria em vícios de consentimento e comprometeria a autonomia da vontade das partes, o que não é aceitável e não seria coerente com o direito ao efetivo acesso à justiça, independentemente do contexto de crescimento dos acervos e da crise do sistema de justiça.

Além disto, são tecidas críticas ao "pré-julgamento" da pretensão das partes envolvidas. Isso porque a imparcialidade dos agentes de justiça seria comprometida, além de induzir vícios de consentimento. Cumpre ressaltar que a imparcialidade do terceiro que participar da sessão de conciliação ou mediação é um pressuposto fundamental para a validade do ato, visto que a solução deve ser construída pelas partes envolvidas sem direcionamentos indevidos pelo conciliador e, principalmente, pelo magistrado (Lübke et al, 2021, p.71). Do contrário, a atuação na sessão de conciliação poderia ser interpretada como uma espécie de antecipação do resultado do julgamento e ponto de vista sobre os fatos ali apresentados, comprometendo definitivamente a credibilidade e a imparcialidade. Ademais, as críticas acerca dos métodos consensuais de solução de conflitos abarcam a afetação de um dos principais elementos desses métodos, qual seja, a consensualidade.

Os esforços conciliatórios excessivos e que beiram a coerção afetam a autonomia privada das partes, principalmente em situações em que há algum nível de tentativa de imposição de soluções aos envolvidos. Não se pode esquecer que é dever do magistrado promover a conciliação a qualquer tempo, mas não é cabível a imposição de qualquer medida que seja compreendida como satisfatória, pois é primordial a aceitação inequívoca das partes para que o acordo seja efetivo e cumprido espontaneamente.

Não é possível negar que os métodos consensuais de resolução de conflitos são dotados de inúmeras vantagens, seja para os sujeitos envolvidos na controvérsia ou para o Poder Judiciário, diante da possibilidade de resolução com redução de custos, rapidez e preservação ou mitigação do desgaste da relação entre as partes envolvidas no litígio. Porém, é necessária a averiguação das críticas acerca dos métodos propostos e a criação de mecanismos que supram suas inconsistências, bem como afastem elementos negativos frequentemente observados, como a desigualdade das partes envolvidas, falta de garantias processuais durante as tratativas, combate a soluções injustas, ausência de confiança no mediador/conciliador e insegurança quanto ao cumprimento dos acordos.

Também é necessária a realização de estudos empíricos sobre a experiência dos Tribunais em relação à conciliação em segundo grau, a fim de averiguar os desafios enfrentados e os índices de êxito obtidos nas sessões de conciliação neste grau de jurisdição. Por exemplo, há estudos sobre as sessões conciliatórias realizadas pelo Tribunal de Justiça do Estado da Paraíba que demonstram ausência das partes em muitas audiências, sendo que o percentual de ausência foi superior a 50% em 13 dos 17 meses analisados, alcançando percentual superior a 70% de ausência em 11 meses (Maia, 2018, p.34-36). Além da problemática das ausências nas audiências de conciliação, também foi verificado o baixo índice de êxito nas tentativas de composição, alcançando percentuais inferiores a 50% em 12 dos 17 meses analisados. O mesmo problema também foi observado nas sessões conciliatórias realizadas no Tribunal de Justiça do Estado do Espírito Santo, em que foi certificada a ausência das partes à audiência em 29,4% dos casos (Chai & Pinheiro, 2024, p.5).

Outra questão observada se refere ao interesse das partes na conciliação. Isso porque, em relação aos processos em que houve designação de audiência de conciliação, foram observados pedidos pela não realização do ato em 77,8% dos casos, o que demonstraria potenciais resultados infrutíferos por si só (Chai & Pinheiro, 2024, p.6).

Outrossim, também são adotadas perspectivas quanto à matéria envolvida e potencialidade de êxito nas tratativas. Em análise ao recorte de 17 meses de audiências designadas no segundo grau no Tribunal de Justiça do Estado da

Paraíba, constatou-se que a maioria dos casos em que houve formalização de acordo tratava-se de demandas que versavam sobre questões consumeristas, principalmente aquelas que envolviam instituições financeiras, planos de saúde, seguradoras e empresas de telefonia (Maia, 2018, p.40).

Por isso, diante da relevância dos métodos consensuais de resolução de conflitos como meio de acesso à justiça, são necessárias medidas mitigadoras dos desafios e críticas ora destacados, a fim de garantir soluções justas e efetivas para todas as partes envolvidas. Esses métodos vão além da solução final, pois também podem proporcionar a restauração da comunicação entre as partes, a facilitação da exposição dos principais interesses envolvidos e o incentivo à colaboração para a construção de soluções justas para o litígio apresentado ao Poder Judiciário, analisando elementos subjetivos de cada caso e criando táticas conciliatórias eficientes a serem seguidas pelos agentes do sistema de justiça.

Tais medidas são essenciais nos casos que tramitam em segundo grau de jurisdição, momento em que os ânimos das partes envolvidas podem estar desgastados e o processo já está em trâmite por período considerável, sendo que, muitas vezes, não produzirá efeitos tão satisfatórios quanto o esperado inicialmente.

Índices de conciliação no Tribunal de Justiça do Paraná

Diante de todo o exposto nos tópicos anteriores, identifica-se que o incentivo à resolução consensual de conflitos tornou-se cada vez mais presente na rotina do Poder Judiciário, demonstrando a intenção de desjudicialização e diminuição do volume de demandas em trâmite. No contexto das atividades do Tribunal de Justiça do Estado do Paraná, a tendência se repete, reiterando os benefícios e a celeridade da adoção dos métodos adequados de solução de conflitos.

A cultura da conciliação é parte essencial do ordenamento jurídico e está ampliando suas atividades para diversos momentos processuais, inclusive em segunda instância. É possível visualizar este fato por meio da criação de Centros Judiciários de Solução de Conflitos e Núcleos Permanentes de Métodos Consensuais de Solução de Conflitos, bem como a participação da Semana Nacional da Conciliação.

O Conselho Nacional de Justiça desenvolveu a Política Judiciária voltada à resolução consensual de conflitos e editou a Resolução nº 125/2010, bem como foi responsável pelo estabelecimento de diretrizes de implantação e fiscalização desta política de atuação dos tribunais. Esse órgão incentivou a resolução consensual de conflitos em todas as fases processuais e pré-processuais, bem como estabeleceu a Semana Nacional de Conciliação, que é um dos projetos da Política Judiciária de tratamento adequado de conflitos. Esta semana nacional consiste em uma campanha realizada em todos os tribunais com orientações padronizadas, objetivando o fim dos litígios.

No contexto atual do acervo de processos ativos no Poder Judiciário, o qual é composto por cerca de 83,8 milhões de ações em trâmite, os Centros Judiciários de Solução de Conflitos e Cidadania tornam-se cada vez mais relevantes para a redução deste volume e garantia da prestação jurisdicional da forma mais célere possível.

A vida em sociedade inevitavelmente gera conflitos entre os sujeitos, os quais podem buscar a via jurisdicional para a resolução da controvérsia que os envolvidos não puderam resolver amigavelmente em um primeiro momento. Porém, o índice de judicialização não para de crescer e os tribunais pátrios não têm estrutura suficiente para garantir o tratamento mais adequado e a celeridade desejada a cada um dos milhões de processos distribuídos (Bandeira, 2024, parágrafo 1).

Da análise do relatório "Justiça em Número 2024" elaborado e divulgado pelo Conselho Nacional de Justiça, identifica-se que o tempo médio de duração dos processos é de cerca de quatro anos e três meses. Ainda que sejam excluídas as execuções fiscais das estatísticas, o tempo médio de duração dos processos passa para aproximadamente três anos e um mês, período o qual ainda está superior ao desejável. A morosidade para o encerramento do processo está intimamente relacionada ao volume do acervo de processos ativos, mas também tem relação com os índices de recorribilidade perante os tribunais, o que prolonga as discussões e impede a certificação do trânsito em julgado com consequente arquivamento dos autos.

Conforme exposto no tópico precedente, em atenção às estatísticas correspondentes aos índices de recorribilidade interna e externa perante as unidades judiciárias do país, cerca de um em cada quatro decisões ou sentenças é objeto de recurso interposto pelas partes (CNJ, 2024, p.268). Em análise às estatísticas relativas ao Tribunal de Justiça do Estado do Paraná, observa-se percentuais de recorribilidade muito superiores a outros tribunais estaduais integrantes do sistema de justiça brasileiro.

O Tribunal de Justiça do Estado do Paraná conta com índice de 18,2% (dezoito vírgula dois por cento) de recorribilidade interna e índice de 5,1% (cinco vírgula um por cento) de recorribilidade externa no segundo grau. Além disso, no tocante à fase de conhecimento do primeiro grau, constatou-se índice de 13,2% (treze vírgula dois por cento) de recorribilidade interna e índice 23,6% (vinte e três vírgula seis por cento) de recorribilidade externa.

Figura 3

Índices de Recorribilidade Interna e Externa no Segundo Grau por Tribunal

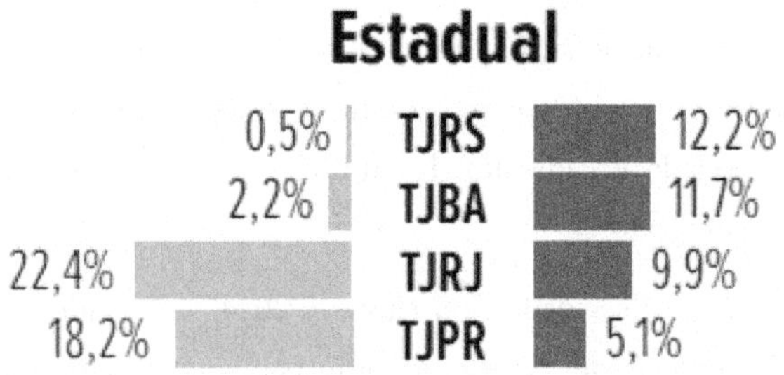

Nota: CNJ, 2024, p.272.

Figura 4

Índices de Recorribilidade Interna e Externa na Fase de Conhecimento do Primeiro Grau, por Tribunal

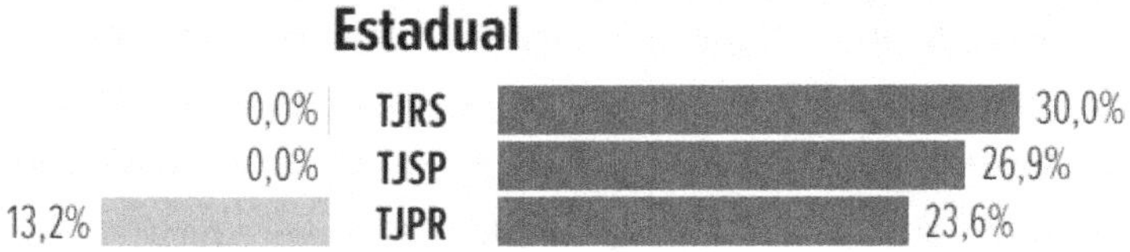

Nota: CNJ, 2024, p.273.

No tocante às estatísticas correspondentes à fase de execução do primeiro grau, também se observa percentuais consideráveis no Tribunal de Justiça do Estado do Paraná, que conta com índice de 9,6% (nove vírgula seis por cento) de recorribilidade interna e índice de 4% (quatro por cento) de recorribilidade externa.

Figura 5

Índices de Recorribilidade Interna e Externa da Fase de Execução no Primeiro Grau, por Tribunal

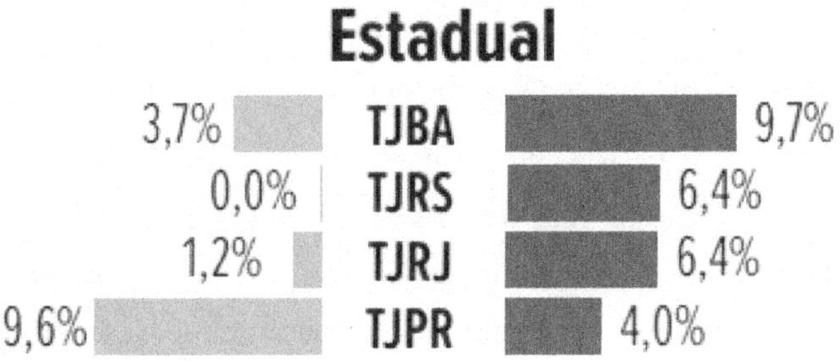

Nota: CNJ, 2024, p.274.

Prestadas tais informações acerca dos índices de recorribilidade, cumpre mencionar o tempo de tramitação de processos no segundo grau. Considera-se como marco inicial da análise de tempo de tramitação o recebimento dos autos pelo tribunal ou a data de ajuizamento de ações originárias nesta instância.

Como marco final, considera-se a primeira baixa dos autos na instância ora analisada.

Em análise aos índices específicos do Tribunal de Justiça do Estado do Paraná, observa-se que o tempo médio de duração do processo é de 2 anos e 11 meses no primeiro grau e 10 meses no segundo grau durante a fase de conhecimento. Já na fase de execução, observa-se que o tempo médio de duração é de 1 ano e 4 meses no primeiro grau e 2 anos e 10 meses no segundo grau, demonstrando a complexidade desta fase processual e a relação dos índices de recorribilidade com o arrastamento do processo.

Incentivado por estas políticas, o Tribunal de Justiça do Paraná passou a regulamentar a conciliação em diferentes frentes, inclusive extrajudiciais. Por exemplo, o Conselho Nacional de Justiça estabeleceu a possibilidade de sessões de conciliação acontecerem em Serviços Notariais e de Registro, conforme Provimento nº 67 de 26 de março de 2018. Em complemento, o Tribunal de Justiça do Estado do Paraná editou a Instrução Normativa Conjunta nº 01, de 28 de fevereiro de 2018, do Núcleo Permanente de Métodos Consensuais de Solução de Conflitos. A referida instrução normativa dispõe sobre os procedimentos de conciliação e mediação nos serviços notariais e de registro paranaenses, demonstrando mais uma vez a cultura conciliatória desenvolvida no sistema de justiça estadual, incluindo tentativas de resolução de conflitos previamente a distribuição de ações judiciais.

Os Centros Judiciários de Resolução de Conflitos e Cidadania passam a ampliar o exercício de suas funções institucionais, atuando em três setores distintos: pré-processual, de cidadania e processual. O setor pré-processual atua na realização de audiências de conciliação e mediação em litígios que ainda não são objeto de ações judiciais. O setor processual atua na realização de audiência envolvendo litígios propriamente ditos. Já o setor de cidadania atua no atendimento dos cidadãos, com o objetivo de compreender suas respectivas necessidades e direcioná-los ao setor mais adequado ao tratamento do conflito (Fernandes et al, 2020, p.58-59).

O setor de cidadania atua na recepção, escuta e compreensão de necessidade dos cidadãos que buscam o órgão, com o objetivo de auxiliar e indicar qual o setor mais adequado para a solução do problema exposto (Fernandes et al, 2020, p.59). O setor processual atua na realização de audiências designadas pelas varas judiciais, seja mediante determinação na decisão inicial do processo e expedição de citação na forma do artigo 334 do Código de Processo Civil ou no curso do processo judicial mediante determinação de ofício ou pedido das partes, tendo em vista o dever de promoção dos métodos consensuais de solução de conflitos, nos termos do artigo 3º do Código de Processo Civil.

Além da promoção da autocomposição na fase inicial do processo judicial, o Tribunal de Justiça do Estado do Paraná trouxe importante inovação no tocante à atuação dos Centros Judiciários de Resolução de Conflitos em segunda instância. No Tribunal de Justiça do Estado do Paraná, a conciliação em segundo grau foi efetivamente inaugurada no mês de dezembro de 2008, sendo que o Centro Judiciário de Solução de Conflitos e Cidadania do Segundo Grau atua na conciliação em demandas que estão tramitando em grau recursal, bem como no auxílio de comarca que não tenha tais órgãos instalados.

O Tribunal de Justiça do Estado do Paraná já implementava a conciliação em segundo grau desde 2004, previamente a reforma do Poder Judiciário por meio da Emenda Constitucional nº 45, de 30 de dezembro de 2024, que trouxe inovações no sistema judiciário brasileiro e buscou aumentar a transparência e a eficiência no âmbito do Poder Judiciário.

O Tribunal de Justiça do Estado do Paraná criou o Núcleo de Conciliação dentro do Tribunal de Alçada, mediante Resolução 003/2004 e com o apoio do Presidente à época Juiz João Luís Manassés de Albuquerque e colaboração dos Juízes Hayton Lee Swain Filho e Valter Ressel, que visava à resolução de forma consensual de controvérsias envolvendo o recorrente objeto atinente aos contratos bancários, que funcionou até a incorporação com o Tribunal de Justiça em fevereiro de 2005. Em que pese o projeto tenha durado cerca de cinco meses, trouxe resultados satisfatórios diante da resolução de, aproximadamente, 30% dos casos submetidos à conciliação amigável.

Apesar dos resultados obtidos, a adoção dos métodos adequados de solução de conflitos no âmbito do segundo grau não foi continuada de imediato diante da ausência de previsão no Regimento Interno. Porém, foi constituído grupo de estudo para a implementação desta prática pela Desembargadora Regina Afonso Fortes (TJPR, 2018, p.3-4).

Em agosto de 2006, o Conselho Nacional de Justiça lançou o "Movimento pela Conciliação" com o objetivo de incentivar a resolução consensual de conflitos e mitigar a cultura da litigiosidade na sociedade como um todo, bem como garantir maior eficiência às atividades exercidas pelo Poder Judiciário e enfrentar o problema da morosidade. Este movimento objetivou enfatizar a importância da fase conciliatória e modificar a cultura do litígio, que é pautada em resoluções impostas e não produzidas pelas próprias partes envolvidas, bem como representa situação mais fatigante. O Movimento pela Conciliação representou iniciativa de pacificação social, visto que este método adequado de resolução de controvérsias tem potencial de produzir resultados muito mais satisfatórios e próximos da vontade das partes.

A adoção de métodos adequados de solução de conflitos não diminui a necessidade dos profissionais atuantes na esfera jurídica e suas várias vertentes. Isso porque os profissionais complementam estes métodos e podem averiguar irregularidades no procedimento, bem como permite que a atuação do Poder Judiciário seja potencializada para apurar casos que dependam de sua apreciação (Falcão, parágrafo 7).

O "Movimento pela Conciliação" do Conselho Nacional de Justiça trouxe diversas contribuições para a atuação nos órgãos jurisdicionais e expôs objetivos a serem seguidos, quais sejam: organização dos serviços de conciliação e outros métodos consensuais de solução de conflitos; captação de magistrados e servidores em relação a aplicação dos métodos adequados; desenvolvimento de relações de cooperação entre órgãos públicos; promoção de práticas colaborativas junto a empresas e agências reguladoras; promoção de eventos para divulgação de boas práticas autocompositivas; e redução do congestionamento do Poder Judiciário (TJPR, 2018, p.4-5).

Estes objetivos foram implementados pelo referido movimento e promoveram uma verdadeira mudança da rotina dos agentes de direito, diante da instituição de novas práticas e contribuição para a efetiva pacificação de conflitos. O Conselho Nacional de Justiça aconselhou que todos os Tribunais de Justiça designassem um integrante para coordenar a implementação do Movimento pela Conciliação, demonstrando mais uma vez o comprometimento do sistema de justiça com os métodos adequados de solução de conflitos.

À época, o segundo integrante designado para assumir tal incumbência no âmbito do Tribunal de Justiça do Estado do Paraná, o Desembargador Valter Ressel, prontamente expôs seu interesse na criação de setor de conciliação no contexto do segundo grau. Em que pese tenha havido negativa em um primeiro momento, o Centro de Resolução de Conflitos e Cidadania em Segundo Grau foi criado e produz resultados muito interessantes até a atualidade (TJPR, 2018, p.5).

Desde o início do setor, a coordenação possuía visão de que o processo judicial poderia ser resolvido de duas formas: pela via litigiosa, na qual as partes aguardam a imposição de um julgamento e se submetem ao paradigma vencedor-perdedor, bem como aos custos, duração e riscos dessa modalidade de resolução; e pela via consensual, na qual as partes constroem a solução e o resultado é muito mais eficaz, diminuindo os índices de inadimplência e insatisfação (TJPR, 2018, p.6). Porém, a criação de um novo setor cujos possíveis resultados eram questionados era um desafio orçamentário também. Ocorre que tal obstáculo foi superado diante da atuação de diversos magistrados aposentados como voluntários, tornando-a uma iniciativa viável e demonstrando o valor da cultura pacificadora.

Em setembro de 2008, foi aprovada a Resolução nº 10/2008 que criou a Secretaria de Conciliação e a atribuiu de receber e processar recursos indicados pelos relatores ou pelas partes como aptos para a tentativa de conciliação, tendo a inauguração sido realizada no primeiro dia da Semana da Conciliação daquele ano (01 de dezembro de 2008). A celeridade foi um dos objetivos demonstrados pela referida resolução, que expôs expressamente que o chamamento das partes deveria ocorrer de forma célere e fixou prazo de 60 dias a para realização da audiência de conciliação, bem como a necessidade de restituição imediata ao relator em caso de tentativa infrutífera.

A referida resolução dispõe sobre a organização da estrutura física e do pessoal atuante na Secretaria de Conciliação, dispondo sobre quantidade específica de pessoas incumbidas de determinadas tarefas essenciais para o desenvolvimento das atividades consensuais[12]. Além disso, possibilitou a realização de sessões de conciliação pelos próprios relatores nos seus respectivos gabinetes, prezando pela celeridade e disponibilização de meios para garantir a tentativa de conciliação com todos os recursos organizacionais e pessoais disponíveis no tribunal[13].

---

12 Art. 1º. Fica criada a Secretaria de Conciliação com estrutura física no âmbito do Departamento Judiciário.

§ 1º. A Secretaria terá três funcionários e tem por atribuição receber e processar, para fins de conciliação, os recursos indicados pelos relatores ou pelas partes como aptos à realização da respectiva tentativa.

§ 2º. No primeiro ano de funcionamento da Secretaria o encaminhamento de processos pelos relatores é limitado a cinco (5) por mês.

§ 3º. O chamamento das partes e de seus advogados para a conciliação deverá ser feito de forma célere, admitindo-se por telefone, fax, correio eletrônico, carta, ou publicação no Diário da Justiça.

§ 4º. A audiência de conciliação deverá ser realizada no prazo de sessenta dias contados do recebimento dos autos pela Secretaria e em sala a ser definida pela Secretaria-Geral para tal finalidade.

§ 5º. Frustrada a conciliação, o fato será certificado nos autos, que serão restituídos de imediato ao relator para o processamento e julgamento do recurso.

13 Art. 5º. Em 2º Grau, as audiências de conciliação poderão ser designadas e realizadas também pelos relatores, em seus gabinetes, competindo-lhes homologar os acordos firmados.

Parágrafo único. O relator poderá valer-se do pessoal de seu gabinete para auxiliá-lo nas audiências de conciliação.

Diante dos resultados satisfatórios da Secretaria de Conciliação, o setor foi incorporado pelo Regimento Interno do Tribunal em meados de 2010 com nova denominação: "Núcleo de Conciliação do Tribunal".

Os métodos adequados de solução de conflitos foram cada vez mais incentivados e se mostraram meios eficazes, rápidos e pacificadores, sendo encorajados pelo Movimento Nacional pela Conciliação do Conselho Nacional de Justiça corporificado pela Resolução nº 125/2010 CNJ. Estimulado pelo contexto de defesa dos métodos consensuais e resultados positivos do Núcleo de Conciliação, foi implementada a Resolução nº 13/2011 pelo Tribunal de Justiça do Estado do Paraná, que criou o Núcleo Permanente de Métodos Consensuais de Solução de Conflitos e os Centros Judiciários de Solução de Conflitos e Cidadania, inclusive no segundo grau. Os referidos núcleos foram incumbidos de exercer as atribuições trazidas pela Resolução nº 125/2010 do Conselho Nacional de Justiça, que envolvem a implementação da Política Judiciária Nacional de Tratamento Adequado dos Conflitos de Interesses, o cumprimento de metas, a instalação de Centros Judiciários de Solução de Conflitos e Cidadania, a promoção da capacitação permanecente dos agentes de justiça nos métodos adequados de solução de conflitos e outras tarefas pertinentes para o cumprimento dos objetivos dessa política.

Diante dessa resolução, o Núcleo de Conciliação do Tribunal passou a ser chamado de Centro Judiciário de Solução de Conflitos e Cidadania do 2º Grau (CEJUSC do 2º grau), nome que permanece até a atualidade, em conformidade com o artigo 8º da Resolução nº 125/2010 do Conselho Nacional de Justiça[14]. Ademais, a essência da iniciativa de implementação dos métodos adequados de solução de conflitos sempre foi enfatizada pelas normativas produzidas

---

14 Resolução nº 125/2010 do Conselho Nacional de Justiça. Art. 8º Os tribunais deverão criar os Centros Judiciários de Solução de Conflitos e Cidadania (Centros ou Cejuscs), unidades do Poder Judiciário, preferencialmente, responsáveis pela realização ou gestão das sessões e audiências de conciliação e mediação que estejam a cargo de conciliadores e mediadores, bem como pelo atendimento e orientação ao cidadão. (Redação dada pela Emenda nº 2, de 08.03.16).

pelo Egrégio Tribunal de Justiça do Estado do Paraná, que demonstrou o interesse na resolução de conflitos de forma justa e inexistência de prejuízo à atividade jurisdicional praticada pelos juízos, visto que tais métodos objetivam a resolução ética das controvérsias existentes e respeito aos direitos garantidos pela legislação pertinente, inclusive legislação processual.

A Resolução nº 13/2011 do Tribunal de Justiça do Estado do Paraná reconhece que a conciliação pode ocorrer em qualquer oportunidade, compreendendo que as sessões realizadas pelos Centros Judiciários de Solução de Conflitos e Cidadania não causam qualquer prejuízo às iniciativas tomadas pelos próprios juízos em que a ação tramita[15].

Além das previsões normativas dos órgãos do sistema de justiça e do próprio tribunal, o Tribunal de Justiça do Estado do Paraná também se preocupou com a satisfação as partes envolvidas que buscam tutela jurisdicional e são encaminhadas aos Centros Judiciários de Solução de Conflitos e Cidadania. Por essa razão, sempre investiu em treinamento e aperfeiçoamento dos conciliadores que atuam no Centro Judiciário de Solução de Conflitos e Cidadania do 2º grau na Escola da Magistratura do Paraná (EMAP), baseados no conteúdo programático elaborado pelo Conselho Nacional de Justiça (TJPR, 2018, p.10-11).

Os aprimoramentos das práticas consensuais no âmbito do Tribunal de Justiça do Estado do Paraná são constantes e demonstram preocupação com a eficácia de suas atividades, com melhorias implementadas na esfera normativa ou educacional. Inclusive, no ano de 2025, houve o lançamento da "Cartilha Orientativa CEJUSC'S". O referido documento é destinado aos magistrados, servidores, conciliadores judiciais e agentes em formação atuantes nos Centros Judiciários de Solução de Conflitos e Cidadania, dispondo sobre o funcionamento nas frentes processuais, pré-processuais e de cidadania.

---

15 Resolução nº 13/2011 do Tribunal de Justiça do Estado do Paraná. Art. 6º. A atividade jurisdicional consensual nos Centros será realizada sem prejuízo da praticada pelos juízos nos termos da legislação processual.

Também dispõe sobre a formação de conciliadores e mediadores judiciais, que é ministrada conforme diretrizes curriculares descritas no Anexo I da Resolução nº 125/2010 do Conselho Nacional de Justiça.

Os cursos de formação são desenvolvidos em uma etapa teórica no primeiro momento, que traz estudos sobre o panorama histórico dos métodos consensuais, a Política Judiciária Nacional de Tratamento Adequado de Conflitos, a Cultura da paz, a Teoria da Comunicação, a Negociação, a Conciliação e a Mediação, o papel do conciliador ou dos mediadores e a ética, bem como simulações de sessões com os alunos. Além disso, também há uma etapa prática com estágio supervisionado com carga de 60 a 100 horas, em que os alunos desempenham papéis em sessões reais como observadores, co-conciliadores e conciliares, bem como apresentam relatórios de cada trabalho realizado com descrição sobre as técnicas aprendidas e aplicadas.

Todos os fatos narrados contribuíram para a instituição de Centros Judiciários de Solução de Conflitos e Cidadania sólidos e práticas cada vez mais aperfeiçoadas, trazendo resultados satisfatórios e tornando o tribunal um exemplo de êxito e incentivo para aumento da cultura da pacificação, com consequente minoração da cultura do litígio. Um dos casos mais relevantes no histórico de conciliação no segundo grau de jurisdição do Tribunal de Justiça do Estado do Paraná se refere a Ação Civil Pública 598/2008 e outras 1.084 ações indenizatórias individuais propostas por moradores da comunidade do Jardim Menino Deus que tramitavam no Foro Regional de Campina Grande do Sul da Comarca da Região Metropolitana de Curitiba. A referida ação versava sobre problemas envolvendo a Estação de Tratamento de Esgoto Menino Deus, porém, durante a Semana da Conciliação promovida pelo Tribunal de Justiça do Estado do Paraná no ano de 2010, as partes formalizaram acordo para a desativação da referida estação, que foi homologado pelo Coordenador Geral da Conciliação à época, Desembargador Valter Ressel, e pela Juíza de Direito da Comarca de Campina Grande do Sul, Paula Priscila Candeo Haddad Figueira. Dentre outros exemplos, há os mutirões de conciliação realizados pelos Centros Judiciários de Solução de Conflitos e Cidadania em 2º Grau, nos quais é possível observar o aproveitamento de mais de 50% de êxito nas conciliações realizadas (TJPR, 2016, parágrafo 8).

A conciliação em segundo grau de jurisdição vem ganhando cada vez mais espaço, demonstrando o comprometimento dos tribunais para com a política pública de tratamento adequado dos conflitos e objetivos da Agenda 2030 da Organização das Nações Unidas, em especial o objetivo 16, que visa promover sociedades pacíficas e inclusivas, bem como proporcionar o acesso à justiça de maneira eficaz para propiciar o desenvolvimento sustentável. O Tribunal de Justiça do Estado do Paraná tem cumprido com a função de pacificação social há diversos anos e a implementação do Centro Judiciário de Solução de Conflitos e Cidadania em segundo grau reforça essa compreensão.

A disponibilização desta forma de tratamento adequado dos conflitos não findou a busca por resultados cada vez mais efetivos e benéficos para as partes envolvidas no litígio, bem como para o sistema de justiça como um todo em razão da redução da sobrecarga de processos ativos e o aumento da satisfação com o alcance da resolução. Um exemplo recente da frequente busca pelo aperfeiçoamento se refere a elaboração da Cartilha Orientativa dos CEJUSC's (TJPR, 2025), que foi dirigida aos magistrados, servidores, mediadores, conciliadores e agentes em formação atuantes neste setor. A referida cartilha aborda o funcionamento e gestão destes centros, bem como a formação dos mediadores e conciliadores judiciais, pois a capacitação destes profissionais eleva os benefícios da adoção dos métodos consensuais.

Os Centros Judiciários de Solução de Conflitos em Segundo Grau também são abordados nesta cartilha, trazendo linguagem acessível para a explicação sobre o papel deste setor. Em conformidade com o artigo 122 do Regimento Interno do Tribunal de Justiça do Estado do Paraná, estes centros são responsáveis pelo estímulo e busca da autocomposição em segundo grau de jurisdição, inclusive em processos oriundos das Turmas Recursais.

O PAPEL DOS CEJUSCs

Os Centros Judiciário de Solução de Conflitos e Cidadania (CEJUSC) tem origem na Lei dos Juizados de Pequenas Causas (Lei nº 7.244 de 7 de novembro de 1984), revogada pela Lei dos Juizados Especiais (Lei nº 9.099 de 26 de novembro de 1995), que enraizaram a utilização dos métodos adequados de solução de conflitos para a fase inicial do processo ou até mesmo para fase pré-processual, com o objetivo de evitar a judicialização de conflitos. Anos mais tarde, a Resolução nº 125 (29 de novembro de 2010) do Conselho Nacional de Justiça dispôs sobre a Política Judiciária Nacional de tratamento adequado dos conflitos, prescrevendo orientações aos Tribunais de Justiça acerca da criação de uma política permanente sobre o tema, a fim de assegurar a todos o direito à solução de conflitos por meios adequados às peculiaridades de cada caso.

Dentre outros avanços à política conciliatória, a referida resolução dispôs sobre o dever de os tribunais criarem Núcleos Permanentes de Métodos Consensuais de Solução de Conflitos e Cidadania, que ficaram conhecidos como CEJUSC. Esses centros voltados à resolução amistosa de conflitos tem o objetivo de ser um local neutro propício para que as partes possam construir a resolução das questões controvertidas e tornar o ato mais efetivo (Soares, 2018, p.85).

A atuação dos Centros Judiciários de Solução de Conflitos e Cidadania não se restringe a uma determinada fase processual, pois pode operar previamente ao ajuizamento da demanda a fim de evitar o ajuizamento de uma ação ou ao longo do processo a fim pôr fim ao litígio de modo antecipado. Cumpre destacar que esta atuação é muito relevante não apenas para o tratamento adequado dos conflitos, mas também para a efetivação de direitos constitucionais, como o acesso à justiça e a duração razoável do processo. Esse procedimento torna-se cada vez mais relevante, principalmente considerando o contexto de intensificação de ajuizamento de ações e a inexistência de estrutura do Poder Judiciário para tratar cada litígio de forma eficiente.

O conceito de acesso à justiça evoluiu com o passar do tempo e os modos de efetivação desse direito foram aperfeiçoados, conforme descrito nos capítulos precedentes desta obra. Isso porque foi reconhecido que o processo judicial não é o único método de resolução de conflitos e que os agentes da justiça devem refletir os princípios do Estado Democrático de Direito em suas atividades e não apenas cumprir procedimento formais que podem caracterizar obstáculos para a satisfação do direito pleiteado (Borges, 2021, p.21-22).

Tal afirmação não significa ignorar todos os princípios trazidos pelo ordenamento jurídico, mas compreender que o excessivo formalismo processual pode impedir a efetivação do direito ao acesso à justiça e que deve ser realizada a interpretação mais favorável ao objetivo de pacificação social e resolução justa (Borges, 2021, p.23).

O relatório denominado "Justiça em Números", que é divulgado pelo Conselho Nacional de Justiça, demonstra anualmente que o acervo de processos ativos é muito alto e que há morosidade para o encerramento dos processos. Portanto, conclui-se que o mero acesso ao Poder Judiciário não é sinônimo de acesso à justiça, visto que a opção exclusiva pela via tradicional de resolução de conflitos não possibilita a resolução em período razoável de tempo na maioria dos casos (Borges, 2021, p.23-26).

Diante disso, torna-se cada vez mais visível que o mero ajuizamento de um processo judicial não garante a resolução eficaz e célere desejada, razão pela qual os métodos adequados de solução de conflitos e a cooperação entre as partes são cada vez mais estimulados, principalmente após a edição da Resolução nº 125/2010 do Conselho Nacional de Justiça. A referida normativa reconhece que cada disputa merece um método de resolução adequado para suas peculiaridades, portanto, não seria cabível a interpretação do direito por um viés legalista. A interpretação do direito deve partir da visão social e compreender as mutações que não puderam ser previstas pelo legislador, pautada na interdisciplinaridade (Borges, 2021, p.82-83).

A existência de conflitos é inerente a convivência em sociedade e complexidade crescente das relações, mas os métodos de solução de conflitos não devem buscar impor soluções com o simples objetivo de finalizar a disputa. Os métodos adequados de tratamento de conflitos também devem buscar a satisfação do jurisdicionado e o restabelecimento da relação afetada pelo litígio, o que causa reflexos na relação e facilita o cumprimento de obrigações assumidas consensualmente. Por isso, o ordenamento jurídico brasileiro criou inúmeros incentivos e aperfeiçoou as práticas consensuais de solução de conflitos, a fim de buscar a efetividade do direito de acesso à justiça e soluções satisfatórias para os conflitos apresentados para resolução ao Poder Judiciário. A história do Brasil e sua relação com os métodos adequados de solução de conflitos é longa e demonstra evoluções extremamente relevantes para a cultura da pacificação social, diante da garantia de redução de acervos dos tribunais, da maior celeridade na resolução de conflitos e do potencial de satisfação com o resultado obtido.

Diante disso, identifica-se a relevância dos Centros Judiciários de Solução de Conflitos instalados em todo o país, que visam o desenvolvimento da Política Judiciária de tratamento adequado dos conflitos e cumprir todas as outras atribuições previstas no artigo 7º da Resolução nº 125/2010 do Conselho Nacional de Justiça. O principal papel dos Central Judiciários de Solução de Conflitos e Cidadania é propiciar um local adequado para que as partes possam expor o conflito e para o uso das técnicas adequadas, seja em casos que não possuem ação judicial distribuída ou para litígios em andamento, bem como orientação aos cidadãos (Soares, 2018, p.85-86). O exemplo do Tribunal de Justiça do Estado do Paraná demonstra a amplitude das funções desses centros, que atuam em três frentes.

A primeira frente é a processual, que compreende o atendimento e a realização de sessões conciliatórias de processos judiciais que estão em andamento. A segunda frente diz respeito a etapa pré-processual, que compreende tentativa de solução de conflito mediante convite das partes envolvidas para audiência de conciliação ou mediação, os quais não tenham judicializado a demanda. Ainda, também há a frente de cidadania, que compreende a orientação da população para fins de educação sobre seus direitos e formas de efetivá-los (TJPR, 2025, p.11-12).

A adoção de métodos cooperativos e consensuais para a resolução de controvérsias demonstra o cumprimento de funções primordiais dos Centros

Judiciários de Solução de Conflitos e Cidadania. Além disso, compete aos Centros Judiciários de Solução de Conflitos e Cidadania a compreensão sobre os conflitos que são submetidos às tentativas de conciliação e as partes envolvidas para garantir maior eficácia de sua atividade.

O conflito necessariamente depende de, pelo menos, duas pessoas com interesses divergentes e pode ser submetido às técnicas adequadas da conciliação. Para garantir a efetividade do método consensual a ser aplicado, o conciliador também deve compreender eventuais vulnerabilidades ou perceber a suficiência de informações para que haja consentimento qualificado das partes envolvidas em relação ao acordo a ser celebrado. Cumpre esclarecer que a incapacidade de uma das partes envolvidas não implica na impossibilidade de submissão do conflito aos centros, visto que as sessões são realizadas sob a vigilância do Poder Judiciário e o risco de prejuízos é minimizado, possibilitando a resolução de questões relevantes aos envolvidos e a regulação do cumprimento de obrigações existentes (Silva, 2013, p.294-295). A noção sobre as características das partes é essencial para a resolução dos conflitos de forma consensual, pois consistem em elementos que influenciam diretamente a tomada de decisão das partes (Silva, 2013, p.299).

Essa compreensão da relação que é colocada sob os cuidados dos Centros Judiciários de Solução de Conflitos demonstra compromisso com os mecanismos não adversariais e com questões que vão para além da solução do conflito existente entre as partes, pois potencializa a satisfação com o resultado alcançado e possibilita o restabelecimento da relação entre os sujeitos envolvidos no conflito (Borges, 2021, p.86-87). Além de todo o exposto, a atuação dos Centros Judiciários de solução de conflitos reflete o estímulo democrático à autocomposição e à participação popular no poder, visto que permite o desenvolvimento de cidadania e torna os sujeitos envolvidos em um litígio protagonistas da construção da própria solução (Didier & Fernandez, 2024, p.128-129).

Feitas essas considerações e realizada a análise do objeto, passa-se a apreciação das contribuições e resultados.

RESULTADOS E CONTRIBUIÇÕES

IDENTIFICAÇÃO DAS VANTAGENS E DESVANTAGENS NA CONCILIAÇÃO EM SEGUNDO GRAU

A promoção dos métodos adequados de solução de conflitos no âmbito no segundo grau de jurisdição mostra-se como medida com grande potencial de auxiliar no desafogamento do sistema de justiça e na redução do acervo de processos ativos, porém, também é alvo de diversas críticas acerca de sua efetividade.

O Poder Judiciário como um todo vive um momento de crise decorrente da hiperjudicialização, o que demonstrou o desgaste do sistema de justiça e problemas estruturais que impedem a devida prestação jurisdicional, ao menos de forma célere. De acordo com a edição do relatório Justiça em Números, produzido pelo Conselho Nacional de Justiça, foram verificados 83,8 milhões de processos em tramitação no final do ano de 2023, os quais aguardam solução definitiva (CNJ, 2024, p.15). Este número de processos em tramitação reflete a sobrecarga do Poder Judiciário nacional, que enfrenta os efeitos da litigiosidade excessiva e sofre crise de desempenho (Watanabe, 2011, p.1).

As relações sociais estão cada vez mais complexas diante da globalização e das evoluções inerentes à vida em sociedade, o que estimula o aumento de conflitos e demonstra a insuficiência do sistema tradicional de resolução de controvérsias perante a complexidade dos problemas jurídicos objeto das centenas de processos distribuídos diariamente (Laismann, 2023, p.20). A hiperjudicialização também tem relação com a passagem do Estado Liberal para o Estado de Bem-Estar Social, diante da incorporação de finalidade social pelo Estado e consequente necessidade de otimização constante da estrutura estatal, o que inclui o sistema judiciário e impacta os meios de acesso à justiça (Laismann, 2023, p.19-20).

O Poder Judiciário desempenha o papel de assegurar os direitos previstos em lei, mas não observados no plano prático. Logo, o exercício do papel de protetor de direitos negligenciados tem como consequência a litigiosidade excessiva, pois o processo judicial é visto como meio de imposição de resolução mediante adjudicação dos conflitos.

A "cultura da sentença" não é sustentável no contexto atual do sistema de justiça, pois os entes estatais incorporam inúmeras demandas sociais que excedem sua capacidade de prestação eficiente e resultam no congestionamento de demandas pendentes. Esta situação não é verificada apenas nas instâncias ordinárias, mas também em segunda instância e Tribunais Superiores. A implementação da Justiça Colaborativa é cada vez mais relevante. As práticas colaborativas advêm da insatisfação das partes frente aos resultados obtidos nos processos judiciais, os quais não atendiam de forma satisfatória suas pretensões e sofriam os efeitos da lógica vencedor-perdedor tão presente neste contexto (Santos et al, 2023, p154-155).

Diante disso, o advogado Stuart Webb continuou a exercer sua profissão, mas direcionou sua atuação na construção de acordos, dando origem às práticas colaborativas em meados de 1990. Assim, as partes e seus respectivos representantes não mais atuariam como adversários dentro de um processo judicial, mas passariam a colaborar para a construção de uma solução equitativa e mais justa para o conflito existente na relação (Santos et al, 2023, p.155). As práticas colaborativas foram introduzidas no ordenamento jurídico brasileiro por Tânia Almeida (médica), Fernanda Paiva e Flávia Soeiro (advogadas) em 2011, que contribuíram para a evolução e a otimização do Poder Judiciário.

Diante das evidências encontradas nesta obra, identificou-se que é incontroverso o congestionamento do Poder Judiciário com milhões de demandas ativas e altos índices de recorribilidade, o que prolonga cada vez mais a obtenção de resolução definitiva de conflitos e desgasta a relação das partes envolvidas. Deste modo, entende-se que o método tradicional de resolução de conflitos pela via do processo judicial não tem a capacidade de cumprir sua função de prestação jurisdicional da forma eficiente esperada. A adoção de práticas colaborativas torna-se um meio precioso para a resolução de demandas e a promoção da pacificação social. Isso porque estas práticas caracterizam novo paradigma para atuação dos agentes dentro do ordenamento jurídico, que se veem incentivados a colaborar para a resolução satisfatória das demandas. O sistema de justiça multiportas e as práticas colaborativas representam instrumentos preciosos de administração e, inclusive, de acesso à justiça.

Os métodos adequados de resolução de conflitos consistem em um instrumento valioso para o ordenamento jurídico, pois democratizam o acesso à justiça e proporcionam celeridade no tocante a resolução das controvérsias apresentadas ao Poder Judiciário. Por essa razão, o Código de Processo de Civil impõe o dever de promoção da solução consensual de conflitos sempre que possível, inclusive no curso do processo judicial, o que abarca os casos em trâmite no segundo grau de jurisdição. Além da previsão constitucional do direito ao acesso à justiça, há previsão expressa no Código de Processo Civil, que é acompanhada pelo incentivo à adoção de métodos adequados para promoção de solução consensual dos conflitos a qualquer tempo e sempre que possível, dispondo que tais métodos devem ser incentivados pelos operadores do direito.

Tamanha é a relevância do acesso à justiça que a jurisprudência consolidada reconheceu que este direito é parte integrante do mínimo existencial. Conforme o v. Acórdão do Agravo Regimental no Recurso Extraordinário nº 763.667, julgado em 2013, a omissão do Poder Público no tocante a garantia de orientação jurídica e assistência judiciária gera situação intolerável no contexto social e inaceitável no contexto jurídico. Principalmente no contexto de populações carentes e que são marginalizadas, o ordenamento jurídico necessita cumprir função de propiciar o exercício de direitos pelos jurisdicionados, pois o "direito de ter direitos" é pressuposto essencial para se obter a devida tutela de direitos legalmente previstos e pleitear a tutela estatal de forma qualificada.

O julgado supracitado rememora os tipos de acesso à justiça exposto em capítulos precedentes, demonstrando que o direito relativo à inafastabilidade da justiça pode ser efetivado por políticas públicas. Deste modo, relembra-se a importância da Política Judiciária Nacional de Tratamento Adequado dos Conflitos de Interesse, promovida pela Resolução nº 125/2010 elaborada pelo Conselho Nacional de Justiça, que implanta política pública de acesso à justiça e tratamento adequado de conflitos.

Por isso, primordialmente, é necessária a compreensão de que o acesso à justiça não pode se limitar a texto envolto em formalismo ou ideal inalcançável no plano fático, pois deve ser concebido como instrumento adequado à garantia de direitos e resoluções justas. Para alcançar este objetivo, é indispensável a compreensão das vantagens e desvantagens dos meios de acesso à justiça, sendo o objetivo do livro a análise dos métodos adequados de solução de conflitos no âmbito da atuação dos Centros Judiciários de Solução de Conflitos em segundo grau.

Da análise dos dados colhidos, apurou-se que a adoção dos métodos consensuais de solução de conflitos deve ser incentivada em qualquer momento processual, pois possuem inúmeras vantagens para as partes envolvidas. Isso porque pode proporcionar resolução mais célere em comparação ao método tradicional por meio do processo judicial, em razão do volume de demandas ativas e formalidades do processo. Esta vantagem é extremamente relevante no contexto atual, tendo em vista que o tempo médio de tramitação de processos é de 4 anos e 3 meses, o que pode ser mais moroso devido à complexidade de cada demanda destinada ao Poder Judiciário.

A resolução célere permite resoluções mais justas e eficazes em relação à pretensão inicial, que pode não ter a mesma utilidade ou perder o objeto pelo decurso exacerbado do tempo até resolução definitiva pela via judicial. Outra vantagem se refere a redução do acervo de processos ativos, que também se relaciona com a questão da celeridade. Conforme demonstrado no relatório Justiça em Números 2024, produzido pelo Conselho Nacional de Justiça, há cerca de 84 milhões de processos em tramitação atualmente. Outrossim, no ano de 2023, foram recebidos 3 milhões de processos a mais em comparação ao ano anterior, demonstrando a força da cultura do litígio.

Por conta dos elevados números de processos em trâmite e ausência de estrutura necessária ao atendimento desta volumetria de casos, a resolução pela via tradicional do processo judicial torna-se morosa. A adoção de métodos adequados de resolução de conflitos consiste em medida essencial para o desafogamento do Poder Judiciário e a resolução de disputas de forma mais eficiente. Também se observou vantagens em relação a processos antigos, especialmente no contexto de sobrecarga do Poder Judiciário. Quanto maior o tempo de tramitação de um processo, maior a dificuldade de resolução do litígio e alcance de resultado esperado. Esse fato decorre da consequente perda de efetividade de determinado resultado esperado no ato da distribuição da demanda ou até mesmo perda do objeto pretendido, além do crescente desgaste da relação entre as partes envolvidas.

Outro ponto relevante para o debate envolve a complexidade inerente a um processo em tramitação por tantos anos e pormenores da cadeia recursal. Por isso, a adoção de métodos adequados de resolução de conflitos é um instrumento pertinente para a resolução de velhas controvérsias da forma mais eficiente possível, ao invés de análise morosa de emaranhado recursal. Nesse contexto, cumpre salientar a relevância dos métodos consensuais para o restabelecimento de relacionamento entre as partes envolvidas. O litígio é comumente interpretado com uma disputa entre adversários, em que as partes estariam envolvidas em uma relação com algum nível de inimizade.

Por esta razão, principalmente em casos envolvendo relações contínuas (questões de família, trabalhista e comerciais), os métodos adequados são benéficos para a restauração do diálogo entre as partes e, consequentemente, facilitação de construção de diálogo, bem como preservação dos relacionamentos envolvidos no litígio. Esse benefício é especial no contexto de litigiosidade excessiva, pois a cultura da litigância pode ser alimentada por um sistema que incentiva a resolução adversarial dos conflitos, sendo que a implementação dos métodos consensuais auxiliar na mitigação desta cultura, a fim de promover a ideia que as disputas podem ser resolvidas de forma construtiva e colaborativa.

Tratando especificamente do Tribunal de Justiça do Estado Paraná, os Centros Judiciários de Solução de Conflitos pré-processual ali implementados demonstram a possibilidade palpável de resolução das controvérsias sem a necessidade de distribuição de processo judicial e em um ambiente construído para facilitar o diálogo entre as partes. Conforme verificações realizadas pelo Núcleo de Inteligência da 2ª Vice-Presidência do próprio Tribunal de Justiça do Estado Paraná, as demandas pré-processuais obtiveram resolução via acordo em 71% dos casos no ano de 2020 (TJPR, 2020, p.5), sendo o maior índice de consenso entre outras espécies de demandas ajuizadas no referido tribunal.

Também se observou que os métodos consensuais implicam em maior grau de satisfação e diminuição de risco de descumprimento do acordo. Tal fato ocorre diante da redução do "confronto" direto entre as partes envolvidas, como comumente ocorre em processos judiciais pautados na cultura adversarial, o que permite a criação de ambiente propício ao diálogo e construção conjunta de solução para a controvérsia, aumentando as chances de aceitação e cumprimento do pactuado.

Outro aspecto negativo acerca da litigiosidade excessiva se refere aos custos financeiros, para além do tempo despendido, pois o custo de atos judiciais é elevado. Em contrapartida, os métodos adequados de resolução de conflitos são mais acessíveis financeiramente e céleres, o que pode desencorajar a contínua litigância. Cumpre mencionar a criação de ambiente apto para a negociação despreocupada entre as partes, pois os meios consensuais possibilitam a realização de tratativas em sigilo, favorecendo o diálogo aberto sobre os problemas existentes na relação jurídica controvertida.

A adoção de métodos adequados de solução de conflitos também possui pontos negativos, ao menos na forma comumente realizada. Em análise às estatísticas e procedimentos adotados, observou-se um nível de descrença em relação a esta modalidade de resolução. Em decorrência da descrença na resolução consensual de conflitos, observou-se grandes taxas de ausência nas audiências designadas em sede de segundo grau de jurisdição, demonstrando a ausência de compromisso com o método como forma de resolução do conflito judicializado.

Outro aspecto que gera críticas se refere a desigualdade de poder entre as partes envolvidas, o que pode resultar em uma transação desequilibrada e no risco de coerção para a aceitação do acordo proposto, sem refletir verdadeiramente os interesses de todas as partes envolvidas (Silva, 2012, p.148). Também se verificou que, majoritariamente, os métodos não têm grande eficácia em disputas complexas que envolvam múltiplas partes ou questões jurídicas de grande complexidade.

Além do exposto, também se pode citar a pseudo-autocomposição como aspecto negativo. É incontroverso que as soluções negociadas são instrumentos de extrema relevância para a redução do acervo de processos em tramitação nos tribunais pátrios em razão da celeridade inerente a estes métodos e consequente devolução dos conflitos para as partes envolvidas. Porém, é necessária cautela para que a linha entre o incentivo à conciliação e a coerção não seja ultrapassada, a fim de não comprometer a confiabilidade nos métodos adequados de solução de conflitos. Isso porque os métodos consensuais de solução de conflitos são pautados na construção conjunta de uma resolução para a controvérsia, mas a solução imposta perde a legitimidade e gera uma pseudo-autocomposição que pode gerar inúmeras outras controvérsias posteriores (Tartuce, 2023, p.230).

Outro aspecto negativo diz respeito ao despreparo dos conciliadores e inexistência de procedimentos obrigatórios nas sessões conciliatórias, que muitas vezes se resumem ao breve questionamento "há proposta de acordo?" e finalização do ato logo após resposta negativa.

Feitas essas considerações sobre as vantagens e desvantagens da adoção dos métodos consensuais de solução de controvérsias no âmbito do segundo grau, passa-se a apreciação das propostas de otimização desses procedimentos.

PROPOSTAS PARA OTIMIZAÇÃO DA CONCILIAÇÃO NOS CEJUSCS

Em que pese existam diversas críticas sobre a adoção dos métodos adequados de solução de conflitos, em especial em segundo grau, não é possível negar que há enorme potencial de geração de resultados positivos neste momento processual. Portanto, é necessária a análise sobre os aspectos negativos observados nas sessões conciliatórias na atualidade e a criação de instrumentos de otimização dos métodos adequados de solução de conflitos com ênfase nos aspectos positivos. Isso porque já se compreende que o Poder Judiciário não se resume ao tratamento tradicional de conflitos, pois enfrenta contexto de litigiosidade intensa e sobrecarga de processos ativos, o que gera crise de desempenho e afastamento do ideal de celeridade na resolução dos conflitos.

Por isso, o Poder Judiciário também visa a implementação de uma política pública de tratamento adequado dos conflitos que inevitavelmente ocorrem na sociedade. Esta compreensão é de extrema relevância, visto que o direito ao acesso à justiça não é efetivado unicamente através do processo, mas também por meio dos métodos adequados de solução de conflitos e políticas públicas.

O primeiro passo para a otimização dos métodos consensuais de solução de conflitos e atuação dos Centros Judiciários de Solução de Conflitos é refrear a predominância da "cultura da sentença", que se pauta no método tradicional de adjudicação dos conflitos pelo Poder Judiciário, que gera congestionamento nas instâncias originárias e recursais. Isso se dá pela incorporação dos métodos de resolução consensual de conflitos pelo Poder Judiciário, a fim de promover tratamento adequado aos conflitos judicializados, reduzir a quantidade de processos ativos e, principalmente, implementar a transformação da mentalidade dos jurisdicionados para alcançar o objetivo de pacificação social. Porém, em que pese a adoção dos métodos consensuais de solução de conflitos detenha grande potencial de causar resultados positivos, é necessária a criação de filtros para a remessa de processos aos Centros Judiciários de Solução de Conflitos e Cidadania.

Isso porque o processo deve ser pautado pela celeridade e, apesar dos métodos consensuais de solução de conflitos serem caracterizados como instrumentos de resolução rápida de controvérsias, é recomendável a realização de pré-análise dos processos e averiguação da chance de êxito na conciliação, com o objetivo de evitar o retardamento da resolução de casos com pouco chance ou desinteresse das partes na conciliação. Portanto, uma das propostas de otimização dos processos conciliatórios e atuação dos Centros Judiciários de Solução de Conflitos e Cidadania é a criação destes filtros e a priorização de remessa de processos com maior potencial de conciliação, mantendo as demandas mais complexas e de menor potencial conciliatório sob a guarda do método tradicional de resolução de controvérsias pela via do processo judicial.

Para isso, é possível analisar os processos de triagem criados pelo sistema de justiça multiportas estrangeiros mencionados nesta obra. Por exemplo, a experiência estadunidense demonstra a possibilidade de criação de normas institucionais ou leis que definam exemplos de demandas que possuem potencial e demandas que são excluídas da análise de remessa ao Centro Judiciário de Solução de Conflitos e Cidadania. Rememora-se o exemplo da Suprema Corte dos Estados Unidos, que remete muitos casos para mediação, com exceção de demandas que envolvam violência doméstica, armas, lesões graves, abuso de menores e partes vulneráveis (Muniz & Silva, 2018, p.298). Também se rememora a possibilidade de divisão dos processos prevista na legislação argentina (Lei nº 24.573/1995), que dispõe sobre a mediação não ser aplicada a demandas que envolvam divórcio, mas que as questões patrimoniais decorrentes podem ser remetidas para a mediação.

A preocupação com a adequação dos métodos aos casos concretos deve ser um dos pontos centrais para a realização da triagem, a fim de assegurar soluções adequadas para cada espécie de problema jurídico que se apresenta ao sistema de justiça. O exame de adequação deve observar elementos do caso concreto, como a aptidão para a resolução do problema, o comportamento dos sujeitos envolvidos no litígio, os custos, o tempo exigido para a execução do método de solução, as características do problema e a existência de urgência, por exemplo (Didier & Fernandez, 2024, p.93-94). Porém, cumpre mencionar que a opção por uma das portas não precisa ser mantida até o fim do processo, visto que o sistema brasileiro compreende que há possibilidade de realização de "negócios processuais multiportas" (Didier & Fernandez, 2024, p.96)

De tudo o que se disse, observa-se que as demandas envolvendo questões consumeristas têm maior probabilidade de obter solução mediante aplicação de técnicas consensuais no Centros de Resolução de Conflitos e Cidadania, como demandas envolvendo instituições financeiras, operadoras de planos de saúde, seguradoras e empresa de telefonia (Maia, 2018, p.39).

A economia de massa é um dos grandes fatores de sobrecarga do acervo do Poder Judiciário, o que intensifica a cultura do litígio e do ajuizamento de milhares de ações individuais versando sobre os mesmos temas, razão pela qual podem ser priorizados visando a resolução por meio dos métodos consensuais e tratamento adequado (Watanabe, 2011, p.2). Além disso, relevante destacar que o potencial de êxito das tentativas de conciliação também depende da capacidade dos conciliadores em conduzir o ato, que devem expor as possibilidades de resolução dos conflitos para as partes e esclarecer que os métodos adequados possuem real potencial de solucionar o problema jurídico ali tratado.

O conciliador também deve ter a capacidade de impedir o uso dos métodos consensuais de forma inadequada de modo a permitir a celebração de acordos que não traduzam o real consenso das partes ou que favoreçam a diferença de poder entre as partes envolvidas, o que pode resultar no prolongamento do conflito posteriormente (Silva, 2012, p.148-149). Para isso, a formação do conciliador e do mediador é de extrema importância, pois é o profissional que conduzirá a aplicação dos métodos adequados de solução de conflitos e deve ter capacidade para aplicar as melhores técnicas no ato, garantindo a efetividade do método e impedindo a perpetuação das desvantagens já expostas.

A Resolução nº 125/2010 do Conselho Nacional de Justiça ressalta que a Política Judiciária Nacional de tratamento adequado dos conflitos de interesses visa a boa qualidade dos serviços prestados e a disseminação da cultura de pacificação social, conforme expresso no artigo 2º da referida normativa. Para garantir a qualidade dos serviços e a real mudança de paradigma cultural para disseminar a pacificação social, a formação contínua dos conciliadores é fundamental. Isso porque os conciliadores devem ser facilitadores do diálogo entre as partes envolvidas no litígio, devendo aprimorar continuamente suas habilidades de comunicação, pois os métodos adequados de solução de conflitos não envolvem apenas questões técnicas e jurídicas.

A Resolução nº 125/2010 dispõe sobre o curso de capacitação dos facilitadores e as diretrizes curriculares mínimas (anexo I), o que envolve etapa teórica e prática. O módulo teórico desenvolve temas acerca do histórico e dos fundamentos dos métodos consensuais, da política judiciária nacional de tratamento adequado de conflitos, das particularidades dos métodos de solução de conflitos, da teoria da comunicação, da ética dos conciliadores e o do papel dos profissionais na conciliação, visando demonstrar todos os aspectos relevantes dos métodos consensuais e técnicas para estimular as partes a atuarem de modo mais eficiente para solucionar o problema, bem como mecanismos de contorno de dificuldades que podem surgir nas sessões conciliatórias. O módulo prático consiste em uma espécie de estágio supervisionado em que serão aplicados os conhecimentos teóricos adquiridos no primeiro módulo e no exercício de três funções ao longo do estágio: observador, co-conciliador e conciliador.

Essas são diretrizes mínimas para a formação dos conciliadores, mas também devem ser observados quesitos subjetivos de sensibilização dos profissionais em relação a abordagem dos envolvidos e compreensão interdisciplinar do conflito. Isso porque o conciliador deve ter a capacidade de compreender a viabilidade jurídica de eventuais propostas de acordo e de conduzir a conciliação de forma a gerar pacificação verdadeira na relação conflituosa (Silva, 2012, p.266-268). Além disso, o conciliador deve prezar pela formação contínua e agregar conhecimentos relevantes da prática de resolução de conflitos, afastando-se da "pseudoautocomposição" que somente visa reduzir o acervo dos tribunais por meio de acordos que não tem a capacidade de garantir proteção aos direitos dos jurisdicionados. Além da possibilidade de extensão dos conflitos no futuro, essa postura implica na perda de confiança no Poder Judiciário (Tartuce, 2023, p.229-230).

O conciliador também deve ter em mente o que não é conciliar, visto que há muitas sessões que são resumidas ao questionamento "há proposta de acordo?" e não há oportunização ao diálogo entre as partes. A conciliação deve incentivar o diálogo e o conciliador deve utilizar técnicas visando o restabelecimento da relação, encorajando as partes a exporem os seus interesses e pontos que geraram o conflito, pois somente é possível resolver a controvérsia consensualmente por meio da comunicação (Tartuce, 2023, p.232-233). Também é importante compreender que os métodos adequados de solução de conflitos correspondem a uma das portas dentro do sistema de justiça, razão pela qual não devem ser exploradas as "desvantagens" do prosseguimento do processo, visto que pode incentivar acordos injustos que não garantem o devido respeito aos direitos ali pleiteados (Tartuce, 2023, p.234).

Em síntese, a formação do conciliador é de suma importância e visa demonstrar que a conciliação não se resume a realização de um acordo, visto que acordos celebrados com técnicas inadequadas e ambiente intimidador podem implicar em soluções injustas e gerar novos conflitos. Por isso, o conciliador deve ser capacitado para pacificar a relação e conciliar de forma justa, o que gera a necessidade de usar técnicas que estimulem a comunicação entre as partes e a conscientização sobre os direitos e deveres existentes na relação (Tartuce, 2023, p.223-224). Outro ponto de atenção refere-se à formação dos profissionais do direito de um modo geral, que é voltada majoritariamente a solução contenciosa e adjudicação dos conflitos pelo Poder Judiciário, sendo que a temática da resolução consensual deixa de lado o modelo de ensino das Faculdades de Direito (Borges, 2021, p.84-85). Tamanha é relevância de incutir essa mentalidade nos profissionais desde a formação que o currículo dos cursos de graduação em Direito fora readequado para assegurar formação sólida e desenvolvimento de competências argumentativas, analíticas e domínio de métodos consensuais de composição de conflitos, conforme disposto pelos artigos 3º, 4º, VI, 5º, II e 6º, §6º, da Resolução CNE/CES nº 5/2018 do Ministério da Educação.

No âmbito no Tribunal de Justiça do Estado do Paraná, além da observância da Resolução nº 125/2010 do Conselho Nacional de Justiça e diretrizes curriculares para a formação de conciliadores, também foi elaborada a Cartilha Orientativa para atuação nos Centros Judiciários de Solução de Conflito e Cidadania no ano de 2025. A Cartilha Orientativa dispõe sobre a organização dos centros e a formação de conciliadores de forma didática, que são oferecidas pela Escola Judicial do Paraná (EJUD) e Escola da Magistratura do Paraná (EMAP), conforme planejamento anual realizado pelo Núcleo Permanente de Métodos Consensuais de Solução de Conflitos (NUPEMEC).

Os cursos oferecidos pelo Tribunal de Justiça do Estado do Paraná são desenvolvidos com base no currículo previsto na Resolução nº 125/2010 do Conselho Nacional de Justiça e diretrizes aprovadas pela Portaria de Reconhecimento nº 20/2018 da Escola Nacional de Formação e Aperfeiçoamento de Magistrados (ENFAM). Além da obrigatoriedade de realização do módulo teórico e prático previsto na Resolução nº 125/2010 do Conselho Nacional de Justiça, os conciliadores formados pelo Tribunal de Justiça do Estado do Paraná também atuam como voluntários durante período de 12 a 24 meses, o que garante expertise na prática dos métodos adequados de solução de conflitos e formação continuada (TJPR, 2025, p.13-14).

A cartilha também retrata o Centro Judiciário de Solução de Conflitos e Cidadania em 2º grau, que possibilita a adoção dos métodos consensuais de solução de controvérsias em qualquer recurso, critério do relator ou a pedido das partes (TJPR, 2025, p.21).

A adoção dos métodos consensuais de solução de conflitos demonstra a possibilidade de se buscar a pacificação social a qualquer momento processual e incentiva a resolução de conflitos com qualidade, permitindo a condução de sessões conciliatórias por profissionais capacitados e o restabelecimento da comunicação entre as partes em um momento processual em que a relação já foi desgastada pelo litígio.

IMPACTOS NO ACESSO À JUSTIÇA E NA PACIFICAÇÃO SOCIAL

A adoção dos métodos adequados de solução de conflitos a qualquer tempo no processo representa uma quebra no padrão do litígio adversarial que regeu a visão sobre o andamento dos processos e a atuação do Poder Judiciário por muito tempo. Conforme exposto ao longo da presente obra, o surgimento de conflitos é inerente à dinâmica das relações sociais e suas constantes evoluções, razão pela qual o ordenamento jurídico não pode se fundar em aspectos exclusivamente positivistas para apreciar e apresentar soluções aos conflitos (Borges, 2021, p.82-83). Nesse sentido, cumpre destacar que o Código de Processo Civil demonstra intenção de induzir o desempenho de uma função mais ativa do magistrado que vai além de proferir uma decisão, mas que também abarca a condução do processo de forma construtiva e dialogada (Maia, 2018, p.41-42). Os impactos dessa mentalidade consensual implicam em alterações das relações jurídicas comumente analisadas como geradoras de conflitos constantes, a fim de rememorar a possibilidade de comunicação entras as partes envolvidas em uma controvérsia.

A partir da Resolução nº 125/2010 do Conselho Nacional de Justiça, o afinco para alterar o paradigma adversarial e afastar os reflexos da cultura contenciosa aumentou, o que gerou repercussão em inúmeros aspectos das relações jurídicas em si, da organização das atividades judiciárias e do ensino jurídico. Isso porque o crescente incentivo e regulamentação da adoção de práticas consensuais de solução de conflitos implicou na organização de setores especializados na aplicação destes métodos, na redução da cultura litigiosa mediante implemento de momento dedicados para o diálogo entre os litigantes e na adequação dos currículos das Faculdades de Direito a fim de proporcionar formação sólida que vai além de questões jurídicas e desenvolver habilidades negociais.

O processo, que outrora era pautado na mentalidade adversarial, passa a ser concebido como instrumento interdisciplinar que pode adotar mecanismos de negociação que vão além da solução da controvérsia, pois possui potencial de restabelecer a relação afetada pelo conflito e garantir maior satisfação dos sujeitos envolvidos (Borges, 2021, p.87). Os demais reflexos da adoção de métodos adequados de solução de conflitos também fomentam a cultura da pacificação social, visto que diminui custos e tempo para solução e incentiva o adimplemento espontâneo das obrigações assumidas na negociação, o que torna o procedimento célere, pacífico e reduz o potencial de surgimento de novos conflitos (Borges, 2021, p.87).

Diante de todo o exposto, cumpre destacar que o sistema tradicional de adjudicação de conflitos pelo Poder Judiciário não deixa de existir ou torna-se uma alternativa falha, pois o sistema multiportas permite a coexistência de métodos diversos de solução negociada e a utilização de outras portas abre espaço para a apreciação adequada de demandas que exijam a adjudicação tradicional. A evolução da sociedade e do direito, que reconhece o acesso à justiça como um direito fundamental, implica na necessidade de desenvolvimento de meios que proporcionem resoluções efetivas aos conflitos. A solução adequada promove a pacificação social, pois permite a resolução em tempo hábil, oferece resultados úteis e traz maior satisfação consequentemente.

Em síntese, os métodos adequados de solução de conflitos trazem maior celeridade e tratamento igualitário das partes, que podem participar livremente do processo e construir a solução mais adequada ao caso concreto, garantindo eficiência e qualidade necessária para gerar satisfação e pacificação (Schwab & Marchetti Filho, 2020, p.38). Nesse contexto, o processo não mais possui função de aplicar o direito, mas de garantir tutela adequada e promover a pacificação com justiça mediante apreciação de aspectos sociais da demanda (Schwab & Marchetti Filho, 2020, p.39-41).

Portanto, a crescente adoção de métodos adequados de solução de conflitos também demonstra a efetivação do princípio da cooperação e interdisciplinariedade do processo, que não mais se pauta em simples aspectos jurídicos para resolver a controvérsia. A promoção do diálogo e o incentivo à compreensão da origem do conflito retira o caráter dualista de perda/ganho, resultando em rapidez na construção da solução e aceitação do resultado (Schwab & Marchetti Filho, 2020, p.44).

No tocante aos Centros Judiciários de Solução de Conflitos no âmbito de 2º grau, observa-se maior conscientização sobre os interesses das demais partes envolvidas e maior crença dos novos métodos desenvolvidos, tendo em vista a efetividade desse mecanismo. A conciliação em segundo grau, espaço que possui a essência do litígio e da recorribilidade excessiva que torna morosa a resolução de conflitos, cria um novo momento de sensibilizar as partes em relação aos demais modos de solução da controvérsia e mitigar a cultura da sentença. Realizada essa análise, cumpre mencionar que cada conflito possui características específicas e cada método de solução apresenta vantagens e desvantagens, por isso a sistematização de vários métodos no sistema multiportas permite proporcionar a via mais adequada possível para o atendimento dos interesses e direitos das partes.

A disponibilização apenas do método tradicional de adjudicação do conflito implica em custos, tempo despendido, desgaste na relação e perda do controle sobre a solução, demonstrando insuficiência desse método em relação a todas as naturezas de controvérsias frente às demais portas (Silva, 2012, p.150-151). O exame de adequação aprecia o caso concreto, a relação das partes, os interesses apresentados e pondera as vantagens e desvantagens de cada método para garantir a solução justa e a pacificação necessária para impedir conflitos futuros ou o prosseguimento do conflito ali analisado e não a mera aplicação da lei.

CONSIDERAÇÕES FINAIS

Diante de todo o exposto, entende-se que a adoção de métodos adequados de solução de conflitos é essencial para a administração da justiça e o tratamento apropriado das controvérsias. Isso porque o contexto da hiperjudicialização implica em sobrecarga dos acervos de processos ativos nos tribunais pátrios e, consequentemente, em redução da eficácia dos resultados obtidos em razão da morosidade do processo judicial. Por isso, o ordenamento jurídico incentiva cada vez mais a adoção de métodos adequados de solução de conflitos, inclusive no segundo grau de jurisdição.

O método tradicional de adjudicação dos conflitos não mais possui capacidade de proporcionar a resolução adequada da controvérsia, pois o acervo de mais de oitenta milhões de processos em trâmite na justiça brasileira impede a prestação jurisdicional em tempo adequado. Além disso, o processo judicial implica em dispêndio de tempo, custos altos para prosseguimento do feito, sujeição a decisões impostas e índices altos de recorribilidade, o que pode influenciar na perda de efetividade do resultado do julgamento. Portanto, o sistema de justiça multiportas visa garantir outros meios de acesso à justiça que vão além do processo tradicional e afastar obstáculos para a efetivação desse direito fundamental, pautados no princípio da cooperação e celeridade. Isso porque o sistema multiportas guarda relação íntima com o direito ao acesso à justiça, pois garante possibilidade de resolução de disputas de modo mais eficiente, justo, inclusivo e acessível em comparação ao processo judicial.

No tocante a adoção de métodos adequados de solução de conflitos em segundo grau, esse mecanismo tem ganhado cada vez mais espaço no cotidiano do Poder Judiciário, tendo em vista o potencial de evitar o prolongamento do julgamento e tornar a solução menos onerosa. A adoção dessa prática em segundo grau parte do reconhecimento de processos que já possuem sentença proferida em primeiro grau que foi objeto de recurso. Ou seja, um litígio que perdura há determinado tempo e que causa desgastes na relação, que muitas vezes somente teve oportunidade de negociar na audiência de conciliação inicial, ocasião em que a controvérsia está mais aflorada. Portanto, o processo já passou pela fase postulatória, saneadora, instrutória e decisória e está passando por uma fase recursal que pode durar anos, o que implica no evidente dispêndio de tempo e perda de eficácia do resultado obtido, além da degradação do vínculo entre os litigantes. Nesse contexto, a prática de métodos consensuais em segundo grau possui o potencial de enfrentar os altos índices de recorribilidade e reduzir o tempo médio de tramitação dos processos, construindo uma solução célere, justa e que afasta a mentalidade adversarial.

A preferência pelas soluções negociadas traz muitos benefícios para o Poder Judiciário e para a relação jurídica desgastada pelo litígio, visto que as partes terão nova oportunidade de restabelecer o diálogo e participar ativamente da construção da solução para a controvérsia, incentivando a implementação da cultura da paz ao invés da cultura da sentença. Para isso, é necessária a participação de profissionais qualificados e com capacidade de conduzir a sessão conciliatória, incentivando o restabelecimento do diálogo, compreendendo a origem do conflito e abrindo espaço para a participação ativa dos envolvidos.

A formação dos profissionais é essencial para a qualificação das sessões e o aumento da confiabilidade nos métodos adequados de solução de conflitos. A Resolução nº 125/2010 do Conselho Nacional de Justiça dispõe sobre as diretrizes curriculares mínimas da formação de conciliadores e mediadores, que não inclui apenas conhecimentos jurídicos. No âmbito do Tribunal de Justiça do Paraná, a formação de conciliadores e mediadores observa as diretrizes trazidas pela resolução supracitada e visa qualificar ainda mais a atuação prática dos profissionais, visto que dispõe sobre o voluntariado no período de 12 a 24 meses após a conclusão do curso oferecido pelo tribunal. Esta medida amplifica o conhecimento do profissional e qualifica a sua atuação, que é proporcionada pela formação contínua e especialização prática. Tal elemento é essencial para a aplicação dos métodos adequados de solução de conflitos no segundo grau, pois consistem em demandas com maior complexidade em virtude do tempo de tramitação, inúmeros atos processuais praticados previamente a distribuição do recurso e resultado parcial do julgamento, o que implica na maior necessidade de conhecimento jurídico para incentivar acordos possíveis e justos para ambas as partes.

A implementação do Centro Judiciário de Solução de Conflitos e Cidadania no segundo grau do Tribunal de Justiça do Estado Paraná também se justifica pelos índices de recorribilidade que são superiores a outros tribunais estaduais, fato que aumenta a complexidade da demanda e prolonga o processo, razão pela qual a resolução consensual torna-se mais atrativa. A experiência do Tribunal de Justiça do Estado do Paraná com a conciliação em segundo grau data de 2004 e trouxe resultados satisfatórios desde o berço dessa prática, ensejando em procedimentos sólidos e formação de profissionais qualificados para essa espécie de atuação até os dias atuais, com aperfeiçoamento normativo e educacional constante.

Em que pese cada método consensual detenha vantagens e desvantagens, a adoção dessas práticas traz diversos benefícios para cada relação jurídica assombrada por um conflito de interesses e para o sistema de justiça como todo, diante da aptidão de fornecimento de meio de solução mais célere, menos oneroso e mais satisfatório para os envolvidos. A resolução consensual permite o restabelecimento do diálogo entre os litigantes e a construção de soluções justas e mais eficazes em relação à pretensão inicial, visto que o decurso do tempo pode implicar na perda de utilidade do resultado. Conclui-se, assim, que a adoção de métodos adequados de solução de conflitos, principalmente no âmbito de segundo grau de jurisdição que guarda processos de maior complexidade e tempo de duração, consiste em mecanismos que possibilita a resolução da controvérsia e traz outros reflexos positivos para a relação dos particulares envolvidos no litígio.

Esses resultados são possíveis por meio da organização do sistema de resolução de conflitos incorporados pelos tribunais e da formação contínua de profissionais que possuem capacidades que ultrapassam os limites do conhecimento jurídico, sendo que a experiência de formação e aperfeiçoamento contínuo das práticas do Tribunal de Justiça do Estado do Paraná justificam os resultados obtidos e acordos celebrados dentro dos Centros Judiciários de Solução de Conflitos e Cidadania. A partir dessa base, é possível que a designação de conciliação seja dotada de eficácia e não seja caracterizada como mais uma etapa obrigatória do processo, que o tornaria mais moroso. Por isso, também é relevante apreciar quais demandas possuem potencial de resolução pela via consensual, mediante a criação de filtros qualificados para a remessa dos processos aos centros de conciliação.

As soluções consensuais são instrumentos relevantes para buscar a pacificação social e garantir o efetivo acesso à justiça com obtenção de resultado que atenda o interesse pleiteado, principalmente na fase recursal em que a relação já foi desgastada pelo litígio, sendo que o restabelecimento do diálogo conduzido por profissionais qualificados oportuniza a resolução de conflitos com qualidade técnica e confiabilidade no sistema.

REFERÊNCIAS BIBLIOGRÁFICAS

Almeida, R. A., Almeida, T. & Crespo, M. H. (2012). Tribunal Multiportas: investindo no capital social para maximizar o sistema de solução de conflitos no Brasil. FGV.

Amaral, J. R. de P. (2000). Princípios de processo civil na Constituição Federal. Revista Jus. https://jus.com.br/artigos/771/principios-de-processo-civil-na-constituicao-federal/2

Bandeira, R. (2024). Justiça em Números 2024: Barroso destaca aumento de 9,5% em novos processos. Agências CNJ de Notícias. https://www.cnj.jus.br/justica-em-numeros-2024-barroso-destaca-aumento-de-95-em-novos-processos/

Bizetto, M. L. C., Cordeiro, M. P. & Roth, E. (2023). O acesso à justiça e políticas públicas: a consensualidade no controle judicial no Brasil. Revista Humanidades e Inovação, 10(8), 239-250.

Braga Neto, A. (2023). Mediação de Conflitos: conceitos e técnicas. In: C. A. Salles, M. A. Lorencini & P. E. A. Silva (Org.). Negociação, Mediação, Conciliação e Arbitragem (pp. 151-190). Forense.

Borges, W. R. (2021). Crise do Poder Judiciário e a Mediação como forma de acesso à justiça no Brasil: Teoria do Tribunal Multiporta à Brasileira [Dissertação de Mestrado, Centro Universitário Internacional – Uninter].

Cappelletti, M. & Garth, B. (1988). Acesso à justiça. Fabris.

Chai, C. G. & Pinheiro, J. R. (2024). Mediação e conciliação no segundo grau de jurisdição cível: um estudo de caso sobre se o seu fomento pode colidir com a eficiência na resolução de lides no 4º CEJUSC no Tribunal de Justiça do Espírito Santo. Revista Contribuciones a las ciencias Sociales, 17(13), 01-19.

Conselho Nacional de Justiça. (2020). Conciliação e mediação no 2º grau são regulamentadas no Tribunal de Rondônia. CNJ. https://www.cnj.jus.br/conciliacao-e-mediacao-no-2o-grau-sao-regulamentadas-no-tribunal-de-rondonia/

Conselho Nacional de Justiça. (Org.). (2024). Justiça em Números 2024. CNJ. https://www.cnj.jus.br/wp-content/uploads/2024/05/justica-em-numeros-2024-v-28-05-2024.pdf

Correia, D. B. & Almeida, B. de L. F. (2012). O acesso à justiça nas práticas de mediação e conciliação: limites na garantia dos direitos. Revista CEJ, XVI(58), 38-43.

Didier Jr., F. & Fernandez, L. (2024). Introdução à Justiça Multiportas: Sistema de solução de problemas jurídicos e o perfil do acesso à justiça do Brasil. JusPodivm.

Didier Jr., F. & Fernandez, L. (2024). Os precedentes no sistema brasileiro de justiça multiportas. Boletín Mexicano De Derecho Comparado, (168), 81-119.

Dinamarco, C. R., Badaró, G. R. I. & Lopes, B. V. C. (2024). Teoria Geral do Processo. JusPodivm.

Facchini Neto, E. (2020). Ensaio crítico sobre os meios alternativos de resolução de conflitos. Boletín Mexicano De Derecho Comparado, (155), 1155-1187.

Falcão, J. (n. d.). Histórico do Movimento pela Conciliação. Programas e Ações do Conselho Nacional de Justiça. https://www.cnj.jus.br/documentos-conciliacao/

Farias, B. O. & Ferreira, D. B. (Org.) (2021). Mediação e Conciliação: Aplicações Práticas para Resolução de Conflitos. Ambra University Press.

Fernandes, B. S., Okuma, C. M. O. do A. C., Cortez, G. C. & Gonçalves, P. P. (2020). Efetividade da conciliação e mediação junto ao Tribunal de Justiça do Estado do Paraná. Gralha Azul: Periódico Científico da 2ª Vice-Presidência, 55-65.

Ferreira, M. V. S. (2021). Princípios fundamentais do processo e legitimidade do sistema de justiça multiportas. In: L. Fux, H. Ávila & T. N. X. Cabral (Org.). Tecnologia e justiça multiportas (pp. 467-476). Foco.

Fogaça, A. R. & Netto, J. L. de S. (Org.). (2020). Relatório do Núcleo de Inteligência da 2ª Vice-Presidência. https://www.tjpr.jus.br/documents/18319/31092698/Relat%C3%B3rio+autocomposicao/6ab6abad-20ed-789a-8981-6a5cbe3cb669

Gabbay, D. M. (2023). Negociação. In: C. A. Salles, M. A. G. Lorencini, P. E. A. Silva (Org.). Negociação, Mediação, Conciliação e Arbitragem (pp. 129-150). Forense

Grinover, A. P. (2016). O minissistema brasileiro de justiça consensual: compatibilidades e incompatibilidades. Publicações da Escola Superior da AGU, 8(1), 15-36.

Laismann, M. Z. (2023). Desenho de sistema de solução de conflitos aplicado à hiperjudicialização [Dissertação de Mestrado, Universidade Federal do Paraná].

Lasmar, E. T., Ferreira, M. C. & Mendonça, F. M. de. (2023). O sistema da justiça multiportas para a resolução de conflitos no Brasil. Revista de Direito Contemporâneo UNIDEP, 2(1), 125-144.

Lübke, M. Y. S., Cristo, V. D. C. de, Netto, E. L. de S. & Bourges, F. S. (2021). O dever de imparcialidade do mediador judicial para o alcance do objetivo do desenvolvimento sustentável. Gralha Azul: Periódico Científico da 2ª Vice-Presidência, 71-78.

Maia, L. de M. (2018). A efetividade dos métodos consensuais de resolução de controvérsias no CEJUSC de 2º do Tribunal de Justiça do Estado da Paraíba. [TCC de Graduação, Universidade Federal da Paraíba].

Mendonça, J. J. F. dos S. (2016). Acesso equitativo ao direito e à justiça. Almedina.

Menegon, F. O. T. (2023). Sistema Multiportas de Justiça: O Conselho Nacional de Justiça como órgão formulador de políticas judiciárias direcionadas aos meios adequados de resolução de conflitos transindividuais no âmbito do Código de Processo Civil de 2015 [Dissertação de Mestrado, Universidade Estadual de Londrina].

Muniz, T. L. & Silva, M. C. da. (2018). O modelo de tribunal multiportas americano e o sistema brasileiro de solução de conflitos. Revista da Faculdade de Direito da Universidade Federal do Rio Grande do Sul, (39), p. 289-311.

Nascimento, M. R. do. (2021). O Sistema Multiportas como política pública de acesso à justiça e de efetividade dos direitos fundamentais [Dissertação de Mestrado, Universidade Federal do Mato Grosso].

Pessoa, F. M. G. (Org.). (2022). Democratizando o acesso à justiça. CNJ. https://www.cnj.jus.br/wp-content/uploads/2022/02/democratizando-acesso-justica-2022-v2-01022022.pdf

Pinto, A. F. R. (2007). A evolução do acesso à justiça no cenário jurídico nacional. In: Anais do III Encontro de Iniciação Científica e II Encontro de Extensão Universitária. http://intertemas.toledoprudente.edu.br/index.php/ETIC/article/view/1449#:~:text=A%20EVOLU%C3%87%C3%83O%20DO%20ACESSO%20%C3%80%20JUSTI%C3%87A%20NO%20CEN%C3%81RIO%20JUR%C3%8DDICO%20NACIONAL,-Ana%20F%C3%A1bia%20Rodrigues&text=Ademais%2C%20a%20garantia%20constitucional%20do,que%20esse%20ganhou%20mais%20for%C3%A7a

Prazeres, F. (Org.). (2025). Cartilha Orientativa dos CEJUSC's. https://www.tjpr.jus.br/documents/d/2vice/cartilha-orientativa-cejusc-s-pdf.

Santos, G. L. Q. B. (2016). Acesso à justiça e meios alternativos de resolução de conflitos. Revista Eletrônica de Direito Processual, 10, 180-209.

Santos, T. M. de O., Iocohama, C. H. & Torcheti, M. G. T. F. (2023). As práticas colaborativas como instrumentos de efetivação do acesso à justiça e o

Projeto de Lei 890/2022 da Câmara dos Deputados. Revista Di@alogus, 12(3), 147-163. https://revistaeletronica.unicruz.edu.br/index.php/dialogus/article/download/1052/753/5615

Schwab, L. C. P. & Marchetti Filho, G. F. (2020). A cultura do litígio e a adequação dos meios de solução de conflitos para a busca da pacificação social. Revista de Ciências Jurídicas e Sociais da UNIPAR, 23, p. 23-54.

Seixas, B. S. de & Souza, R. K. S. (2013). Evolução histórica do acesso à justiça nas constituições brasileiras. Revista Direito e Democracia, 14, 68-85.

Silva, É. B e. (2013). Conciliação Judicial. Gazeta Jurídica.

Silva, P. E. A. da. (2023). Resolução de disputas: métodos adequados para resultados possíveis e métodos possíveis para resultados adequados. In: C. A. Salles, M. A. G. L. Lorencini, P. E. A. da S. Silva (Org.). Negociação, Mediação, Conciliação e Arbitragem: Curso de Métodos Adequados de Solução de Controvérsias (pp. 13-40). Forense.

Silveira, R. G. R. (2020). Acesso à justiça: o direito fundamental em um ambiente de recursos escassos. Almedina.

Soares, E. Z. (2018). Conciliação e o Código de Processo Civil. In: Nunes, A. (Org.). Mediação e Conciliação: Teoria e Prática (pp. 75-90). Thomson Reuters.

Ruiz, I. A. (2021). Princípio do Acesso à Justiça. Enciclopédia Jurídica da Pontifícia Universidade Católica de São Paulo, n.p. https://enciclopediajuridica.pucsp.br/verbete/201/edicao-2/principio-do-acesso-justica#:~:text=2.1.-,Conceito%20de%20acesso%20%C3%A0%20Justi%C3%A7a,les%C3%A3o%20ou%20amea%C3%A7a%20a%20direito

Tartuce, F. (2012). Igualdade e vulnerabilidade no processo civil. Forense.

Tartuce, F. (2013). Advocacia e meios consensuais: novas visões, novos ganhos. In: J. J. C. Silveira & J. R. N. Amorim (Org.). A nova ordem das soluções alternativas de conflitos e o Conselho Nacional de Justiça (pp.125-146). Gazeta Jurídica. http://www.fernandatartuce.com.br/wp-content/uploads/2016/01/Advocacia-e-meios-consensuais-Fernanda-Tartuce.pdf

Tartuce, F. (2023). Conciliação em juízo: o que (não) é conciliar? In: C. A. Salles, M. A. G. Lorencini, P. E. A. Silva. Negociação, Mediação, Conciliação e Arbitragem (pp. 213-246). Forense.

Tribunal de Justiça do Estado do Paraná. (2016). CEJUSC do 2º Grau. Destaques do Tribunal de Justiça do Estado do Paraná. https://www.tjpr.jus.br/destaques/-/asset_publisher/1lKI/content/cejusc-do-2-grau/18319

Tribunal de Justiça do Estado do Paraná. (2018). História do CEJUSC de 2º grau do Tribunal de Justiça do Estado do Paraná. Tribunal de Justiça.

Tribunal de Justiça do Estado de Minas Gerais. (2023). Projeto: Conciliação em 2ª Instância. In: Tribunal de Justiça do Estado de Minas Gerais. (Org.). TJMG. https://www.tjmg.jus.br/lumis/portal/file/fileDownload.jsp?fileId=8ACC80C28D90B637018DAD276A6E5E0F

Tribunal de Justiça do Estado de São Paulo. (n. d.). Conciliação em 2ª Instância. In: Tribunal de Justiça do Estado de São Paulo. (Org.). TJSP. https://www.tjsp.jus.br/Conciliacao/SegundaInstancia#

Watanabe, K. (2011). Política Pública do Poder Judiciário Nacional para tratamento adequado dos conflitos de interesses. Revista de Processo, 36(195), 381-389. https://www.tjsp.jus.br/download/conciliacao/nucleo/parecerdeskazuowatanabe.pdf

Watanabe, K. (2019). Acesso à ordem jurídica justa: conceito atualizado de acesso à justiça, processos coletivos e outros estudos. Del Rey.

Zaffari, E. K. & Scholze, M. L. (2018). Solução de conflitos jurídicos. SAGAH.

REFERÊNCIAS LEGISLATIVAS, NORMATIVAS E JURISPRUDENCIAIS

Brasil. Constituição da República Federativa do Brasil de 1988 (Constituição). https://www.planalto.gov.br/ccivil_03/constituicao/constituicao.htm.

Brasil. Constituição Política do Império do Brazil de 25 de março de 1824. Manda observar a Constituição Política do Imperio, offerecida e jurada por Sua Magestade o Imperador. http://planalto.gov.br/ccivil_03/constituicao/constituicao24.htm.

Brasil. Decreto nº 359, de 26 abril de 1890. Revoga as leis que exigem a tentativa da conciliação preliminar ou posterior como formalidade essencial nas causas civeis e commerciaes. https://www.planalto.gov.br/ccivil_03/decreto/1851-1899/d359.htm#:~:text=DECRETO%20N%C2%BA%20359%2C%20DE%2026%20DE%20ABRIL%20DE%201890&text=Revoga%20as%20leis%20que%20exigem,nas%20causas%20civeis%20e%20commerciaes.

Brasil. Decreto nº 737, de 25 de novembro de 1850. Determina a ordem do Juizo no Processo Comercial. http://planalto.gov.br/ccivil_03/decreto/historicos/dim/dim0737.htm.

Brasil. Lei nº 13.105, de 16 de março de 2015. Código de Processo Civil (2015). https://www.planalto.gov.br/ccivil_03/_ato2015-2018/2015/lei/l13105.htm.

Brasil. Lei nº 5.478, de 25 de julho de 1968. Dispõe sobre ação de alimentos e dá outras providências. https://www.planalto.gov.br/ccivil_03/leis/l5478.htm.

Brasil. Lei nº 5.869, de 11 de janeiro de 1973. Institui o Código de Processo Civil (Código de Processo Civil de 1973). https://www.planalto.gov.br/ccivil_03/leis/l5869.htm.

Brasil. Lei nº 556, de 25 de junho de 1850. Código Comercial. https://www.planalto.gov.br/ccivil_03/leis/lim/lim556.htm.

Brasil. Lei nº 7.244, de 7 de novembro de 1984. Dispõe sobre a criação e o funcionamento do Juizado Especial de Pequenas Causas. http://planalto.gov.br/ccivil_03/leis/1980-1988/l7244.htm.

Brasil. Lei nº 9.099, de 26 de setembro de 1995. Dispõe sobre os Juizados Especiais Cíveis e Criminais e dá outras providências. https://www.planalto.gov.br/ccivil_03/leis/l9099.htm.

Brasil. Lei nº 968, de 10 de dezembro de 1949. Estabelece a fase preliminar de conciliação ou acôrdo nas causas de desquite litigioso ou de alimentos, inclusive os provisionais, e dá outras providências. https://www.planalto.gov.br/ccivil_03/leis/1930-1949/l0968.htm#:~:text=LEI%20N%C2%BA%20968%2C%20DE%2010,provisionais%2C%20e%20d%C3%A1%20outras%20provid%C3%AAncias.

Brasil. Resolução nº 125, de 29 de novembro de 2010, do Conselho Nacional de Justiça. Dispõe sobre a Política Judiciária Nacional de tratamento adequado dos conflitos de interesses no âmbito do Poder Judiciário e dá outras providências. https://www.cnj.jus.br/wp-content/uploads/2014/04/resolucao_125_29112010_23042014190818.pdf.

Brasil. Supremo Tribunal Federal. Agravo Regimental no Recurso Extraordinário nº 763.667/CE. Agravante: Estado do Ceará. Agravado: Ministério Público do Estado do Ceará. Relator: Ministro Celso de Mello. Brasília, 13 de dezembro de 2013. https://portal.stf.jus.br/processos/downloadPeca.asp?id=190913032&ext=.pdf.

Paraná. Regimento Interno do Tribunal de Justiça do Estado do Paraná. Texto ampliado e atualizado até a Emenda Regimento nº 31, de 13 de dezembro de 2024. Tribunal de Justiça do Estado do Paraná (DJe 15/07/2010). https://www.tjpr.jus.br/regimento-interno-ri?p_p_id=com_liferay_asset_publisher_web_portlet_AssetPublisherPortlet_INSTANCE_sB4jWIQ0S1qA&p_p_lifecycle=0&p_p_state=normal&p_p_mode=view&a_page_anchor=106970551.

Made in the USA
Monee, IL
04 November 2026

67377520R00066